Instructions Spirites

dictées par

les Amis de l'Au-delà

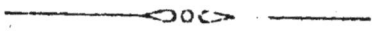

————— ⊂ɔ0ɔ⊃ —————

PARIS

A LA LIBRAIRIE DES SCIENCES PSYCHIQUES

42, RUE SAINT-JACQUES, 42

—

1913

Instructions Spirites

dictées par

les Amis de l'Au-delà

Instructions Spirites

dictées par

les Amis de l'Au-delà

———————◁ා◦ຕ———————

PARIS

A LA LIBRAIRIE DES SCIENCES PSYCHIQUES

42, RUE SAINT-JACQUES, 42

—

1913

INSTRUCTIONS SPIRITES

DICTÉES PAR LES AMIS DE L'AU-DELA

CHAPITRE PREMIER

I

Du Spiritisme à travers les âges

Le Spiritisme est une doctrine qui a pour but de relier les gens qui sont sur la terre avec les Esprits de l'Au-delà.

Le Spiritisme a existé de tout temps, depuis les siècles les plus reculés les gens ont reconnu, qu'il devait y avoir quelque chose de surnaturel et que ce quelque chose devait présider au mouvement des astres et devait commander à tout ce qui se passait sur la terre.

Les anciens avaient reconnu qu'il devait y avoir un Être supérieur qui avait créé toutes choses, et qu'il devait y avoir un Être supérieur chargé de commander au mouvement des astres.

1

Les peuples les plus reculés avaient reconnu qu'il devait y avoir un Être supérieur qui devait présider à toutes les évolutions et que rien ne devait pouvoir se faire sans sa volonté.

Ces peuples avaient d'abord choisi comme Être supérieur les éléments divers répandus sur la surface du sol. Les uns ont adoré le feu, les autres ont adoré les animaux.

Ces peuples avaient choisi parmi les gens qui habitaient la terre, un certain nombre de personnes qui étaient chargées de veiller sur ces divinités.

Ces personnes privilégiées devaient vivre dans un état de pureté et mener une vie exemplaire, elles devaient se consacrer exclusivement au culte et ce sont ces personnes qui ont connu en premier lieu la doctrine spirite.

Au fur à mesure que la civilisation rentrait dans les mœurs, que les gens qui habitaient la terre devenaient plus instruits, les personnes chargées de veiller sur les divinités devenaient aussi plus instruites et c'est dans leurs temples que se conservaient les traditions.

Ces prêtres, pour les appeler par leur nom, devenaient donc les dépositaires de choses sacrées et ces choses ils ne devaient les révéler qu'aux jeunes prêtres qu'ils formaient et qui devaient leur succéder.

Ces choses sacrées n'étaient donc connues que d'un très petit nombre de personnes qui formaient entre elles une association dont la règle était, d'abord : le Célibat.

Ces prêtres vivaient retirés du monde, habitant des temples où personne ne pouvait pénétrer, ils vivaient là en communication constante avec les divinités sur lesquelles ils devaient veiller.

Ces prêtres dans leur solitude eurent donc bien le temps de travailler et de s'instruire. Ils arrivèrent à connaître beaucoup de choses et finirent par être les maîtres de la Science.

Lorsque Dieu eut décidé que les divinités devaient disparaître, il envoya sur la terre un certain nombre d'Esprits plus élevés que ceux qui habitaient la terre.

Ces Esprits avaient pour mission de faire connaître aux gens qu'il y avait autre chose à adorer que le feu et les animaux.

Ces Esprits devaient donc enseigner aux prêtres qu'il y avait une Divinité supérieure qui avait créé toutes choses et que cette Divinité était Dieu.

Les prêtres qui, à ce moment-là, vivaient sur la terre, eurent donc à leur tour la mission d'enseigner aux gens que tout ce qui existait avait été créé par un Être supérieur et que cet Être était Dieu.

Les prêtres eurent donc connaissance de la doctrine spirite et ils eurent le temps de l'approfondir.

Les prêtres enseignèrent alors aux gens de la terre une nouvelle doctrine par laquelle les gens devaient devenir meilleurs et l'on vit alors la civilisation prendre naissance.

Dans les temps les plus reculés les gens reconnurent que cet Être supérieur devait être adoré et l'on vit alors se constituer les différentes religions. Certains peuples adorèrent des idoles, d'autres adorèrent Bouddha, d'autres adorèrent une divinité quelconque.

Lorsque la civilisation fut plus avancée, Dieu envoya sur la terre un certain nombre d'Esprits supérieurs avec mission de faire connaître aux gens de la terre quelques-unes de ses lois et le premier apôtre fut Élie fils d'Abraham qui enseigna aux gens que Dieu existait. Plus tard ce fut Jacob, puis Joseph, puis Moïse à qui Dieu donna les tables de la loi.

Ces tables furent conservées précieusement pendant un temps assez long. Par ces tables Dieu voulait que les gens s'aident et s'aiment mutuellement et il punissait sévèrement ceux qui ne se conformaient pas à ces lois.

Lorsque les gens, qui habitaient la portion de la terre où ces lois furent données, eurent appris à connaître un Dieu sévère qui punissait sévèrement les fautes commises et que ces lois furent connues de tous ceux qui habitaient cette portion de la terre, Dieu envoya alors un Esprit supérieur qui eut pour mission de faire connaître un Dieu juste, un Dieu bon, un Dieu miséricordieux.

Cet Esprit supérieur fut Le Christ. Pour montrer aux gens qu'ils devaient être humbles et ne pas se vautrer dans les plaisirs de la table et dans la luxure, il voulut que Le Christ vînt au monde dans une étable misérable où un toit abritait à peine l'intérieur contre les intempéries et il voulut que le Père et la Mère du Christ fussent de pauvres ouvriers vivant péniblement du travail de leurs mains. Il voulut ainsi montrer aux gens que tous ceux qui étaient sur la terre devaient travailler et non pas vivre dans l'oisiveté et dans la débauche.

Le Christ grandit donc dans un milieu très simple et lui-même aida son ⸳ ⸳re de son travail.

Lorsque le Christ fut parvenu à l'âge d'homme, Dieu lui dit : Voilà le moment venu de remplir la mission dont je t'ai chargé.

Alors Le Christ commença à enseigner aux gens une doctrine nouvelle par laquelle il montrait un Dieu juste qui savait récompenser les bonnes actions et punir les mauvaises. Un Dieu bon qui savait reconnaître si les gens étaient de bonne foi et s'ils agissaient en toute connaissance de cause. Un Dieu miséricordieux qui saurait récompenser ceux qui auraient vécu selon les lois qu'il avait données.

Le Christ enseigna donc cette nouvelle doctrine à un certain nombre d'apôtres choisis par Lui et ces apôtres à leur tour eurent pour mission d'en former d'autres de façon que cette doctrine nouvelle se répandît le plus rapidement possible sur la portion de terre qu'ils habitaient, mais encore 'étendît dans les pays environnants. La Religion Spirite était donc fondée.

Les prêtres voyant alors le développement que prenait cette nouvelle religion comprirent tout le parti qu'ils pourraient en tirer en se l'appropriant et en en faisant leur chose. Ils comprirent que tout l'avenir dépendrait de cette chose nouvelle et ils se mirent en devoir d'en devenir les maîtres.

Les apôtres furent donc persécutés et les nouveaux adeptes furent traqués, chassés et mis à mort.

Les prêtres alors reprirent les lois de Dieu et les modifièrent pour que les privilèges fussent leur apanage, et ils firent si bien qu'au bout d'un certain temps la Religion spirite qu'avait fondée le Christ devint entre leurs mains un instrument puissant avec lequel ils allaient commander sur la terre, et cela jusqu'à nos jours.

II

De la Religion Spirite et de la Religion Catholique

Lorsque la Religion catholique fut fondée, c'est-à-dire lorsque les prêtres se furent emparés de la doctrine du Christ en la modifiant, les gens furent obligés de se rendre dans les temples pour prier et comme il fallait subvenir aux frais de ceux qui dirigeaient ces temples on commença à percevoir une redevance sur la prière.

La Religion catholique fit construire des basiliques immenses où le luxe fut une chose obligatoire et l'on vit alors la doctrine spirituelle se vendre suivant les cas ou suivant les gens et les consolations dernières marchandées comme une vile marchandise.

La Religion catholique pour nourrir tous ceux qui étaient censés devoir instruire les gens établit alors une série de prix pour les prières. Les riches devaient payer pour avoir droit aux prières un prix égal aux pauvres et celui qui n'avait pas les moyens se voyait privé de consolations. Nous reconnaissons parfaitement qu'il fallait que les prêtres vivent mais Dieu n'a jamais dit : Tu seras prêtre et tu vivras dans l'oisiveté.

Il faut donc que le prêtre qui veut suivre les lois de Dieu ait un métier manuel qui lui procure ce qui lui est nécessaire à sa vie matérielle et que son sacerdoce soit tout à fait indépendant.

Il faut que le prêtre puisse à n'importe quel moment et à n'importe quelle personne donner les consolations que réclame celui qui va se rendre devant Dieu et cela sans savoir s'il sera payé oui ou non.

La Religion Spirite au contraire vous dit :

Dieu a dit : Aidez-vous les uns les autres et aimez-vous les uns les autres.

Par ces paroles Dieu veut que tous ceux qui

veulent vivre selon ses lois soient bons pour leurs semblables et qu'ils leur donnent tout ce qui leur est nécessaire dans leur vie matérielle.

Dieu veut que celui qui est riche donne à celui qui est pauvre et cela sans distinction d'opinion ou de religion.

Dieu n'a jamais dit : Tu vendras les services que tu rendras à tes semblables et tu feras payer les Conseils que tu auras donnés aux amis qui en auront besoin.

Il faut au contraire pour être dans le droit chemin : faire la charité à ceux qui en ont besoin et aider par tous les moyens ceux qui en ont besoin soit matériellement, soit spirituellement.

III

De la Religion Spirite et du Clergé

Lorsque le Clergé a vu l'extension que prenait la Doctrine Spirite, il comprit qu'une nouvelle religion venait combattre la Religion catholique et il eut peur.

Pour arrêter dès le début les progrès de cette nouvelle doctrine, les personnes chargées de diriger les Catholiques décidèrent que tous ceux qui feraient du Spiritisme seraient en dehors de l'Eglise.

Au lieu de chercher à modifier le système qui emontait à un âge où les ge   n'avaient ni la même civilisation, ni le même degré de Science, es personnes chargées de veiller sur le Catholiisme restèrent dans le *statu quo* et la Religion u lieu de suivre le progrès se maintenait dans es lois primitives sans chercher à les modifier en ien.

Mais Dieu ne voulut pas que les lois qu'il avait lonnées fussent perdues. Il envoya alors sur la erre un certain nombre d'Esprits qui devaient pprendre aux gens comment ils devaient vivre et comment ils devaient se comporter envers leurs emblables.

Ces Esprits eurent donc à lutter contre tout le llergé qui sentait son influence diminuer et ils urent à subir des luttes très fortes pour arriver enseigner aux gens ce que Dieu leur avait orlonné d'annoncer.

IV

Du Clergé et des Initiés à la Doctrine Spirite

Le Clergé devant le nombre toujours croissant l'initiés à la Doctrine Spirite voulut frapper un grand coup.

On fit alors décréter par Celui qui est le chef

de la religion catholique que : Tous ceux qui s'occuperaient de Spiritisme seraient mis hors l'Église.

Au lieu de chercher à rallier à l'Église les gens qui avaient tendance à s'en éloigner, l'Église catholique les répudie purement et simplement et cela sans s'occuper si ces gens ne sont pas dans le droit chemin. L'Église catholique par son chef infaillible ne doit pas discuter, et les gens doivent suivre ce qu'on leur enseigne sans chercher à voir plus haut et à voir si au-dessus de ce que l'Église enseigne, il n'y a pas quelque chose de supérieur et de meilleur.

V

De la Religion spirite envers les âges

Lorsque Dieu a eu décidé que la religion spirite devait être en vigueur sur la terre, il a envoyé un certain nombre d'Esprits supérieurs pour instruire les gens et leur apprendre les lois de Dieu. Ces Esprits devaient faire connaître aux gens que Dieu voulait être adoré et que pour l'adorer il fallait prier.

Le Christ avait dit : Lorsque vous prierez en commun, je serai au milieu de vous. Cela voulait dire qu'il fallait se réunir pour prier, mais il n'a jamais dit : Vous vous réunirez dans un temple et là vous prierez. Toute prière faite du fond du cœur dans un lieu quelconque est aussi bonne qu'une prière faite à l'église.

Dieu demande simplement à ceux qui le prient de le faire sincèrement et du fond du cœur, et il faut le faire toutes les fois que l'on veut demander quelque chose.

Les Esprits à qui Dieu avait donné la mission d'instruire les gens eurent donc à lutter contre le Clergé qui sentait son empire diminuer et contre toutes les religions qui existaient encore sur la terre. Mais Dieu leur avait donné la force nécessaire pour vaincre et ils sortirent victorieux de la lutte.

C'est ainsi que l'on vit sous le règne de Charles IX le Clergé catholique demander le massacre des protestants et malgré la Saint-Barthélemy la religion protestante n'en a pas moins existé. Il en fut de même pour la religion spirite, malgré les luttes et les embûches elle est sortie plus grande et plus importante de la lutte qu'elle a eue à soutenir contre toutes les religions.

Dieu avait décidé que la religion spirite serait la religion de l'avenir, il fallait donc que les gens de la terre arrivent à la connaître et pour cela il fallait qu'ils fussent instruits et renseignés par des Esprits plus élevés qu'eux.

La Religion Spirite apprend aux gens :

1° Qu'il faut prier et qu'il est préférable de prier en commun que de prier en particulier;

2° Qu'il faut prier toutes les fois que l'on a quelque chose à demander;

3° Qu'il faut que les gens s'aident les uns les autres;

4° Qu'il faut aimer son prochain comme soi-même et qu'il faut soulager son prochain et lui donner tout ce dont il a besoin soit matérielle-ment, soit spirituellement.

Ce sont là les grandes règles de la religion spirite et ceux qui observeront ces lois seront dans le droit chemin.

La Religion Spirite veut aussi que les gens soient bons envers les animaux et qu'ils ne fassent au-cun mal aux animaux domestiques que Dieu a mis à leur disposition pour les aider dans les travaux pénibles et les aider à supporter les fatigues résultant d'un travail opiniâtre pour gagner leur pain à la sueur de leur front.

Les Esprits envoyés par Dieu se rendirent donc dans les endroits qu'on leur avait indiqués et se mirent à l'œuvre.

Il fallait montrer aux gens des preuves tangi-bles et c'est pour cela que l'on fit instruire des gens sur plusieurs points à la fois de façon que les renseignements donnés sur un point de la terre puissent être contrôlés par ceux donnés sur un point tout à fait opposé. Tous ces renseigne-ments recueillis et groupés ont servi de fonde-ment à la doctrine spirite.

De nos jours toutes les nations font du spiriisme et elles envoient les renseignements qu'on leur a donnés afin qu'ils puissent être contrôlés.

Les Esprits qui sont chargés par Dieu d'instruire ou de renseigner les gens doivent donc lorsqu'ils ont quelque chose d'intéressant le communiquer aux différents groupes qui existent afin que tous ces renseignements arrivent à se réunir et à former un tout. Il faut donc que tous les groupes arrivent à s'instruire et de ce fait s'élèvent scientifiquement et spirituellement.

VI

Du devoir des parents envers les enfants

Lorsque Dieu a créé les Esprits, il les a créés tous égaux et il leur a donné autant de bien que de mal et il leur a dit : Vous allez vous rendre sur la terre dans un endroit que je vous indiquerai, là vous vous incarnerez dans telle famille. Cette famille vous fournira tout ce qui est nécessaire pour votre vie matérielle jusqu'au jour où vous aurez l'âge mûr pour pouvoir voler de vos propres ailes, et à partir de ce moment-là votre famille ne vous devra plus rien.

Les parents à qui Dieu a fait la grâce de donner un enfant doivent donc lui donner tout ce qui lui est nécessaire pour sa vie matérielle et cela jusqu'à ce que l'enfant puisse de lui-même se procurer tout ce qui lui est nécessaire.

Les parents doivent donc avoir une tendresse très grande pour cet enfant, ils doivent veiller sur sa santé, le surveiller dans sa vie spirituelle et lui donner tous les conseils dont il peut avoir besoin. Ils doivent lui aider à choisir un état, une compagne ou un compagnon de façon à pouvoir se constituer à son tour une famille.

Les parents doivent surtout veiller à ce que leur enfant apprenne à connaître Dieu, qu'il apprenne à le prier et aussi à connaître ses protecteurs naturels. Les parents doivent apprendre à leur enfant les lois de Dieu de façon qu'il puisse choisir son chemin tout en laissant l'enfant libre de choisir le bien ou le mal et cela en toute connaissance de cause.

Il faut que le libre arbitre de l'enfant puisse s'exercer afin qu'il soit responsable devant Dieu de la façon bonne ou mauvaise dont il aura remplit sa vie et qu'il puisse être récompensé ou puni suivant les actions bonnes ou mauvaises qu'il aura accomplies durant sa vie matérielle.

VII

Du devoir des enfants envers leurs parents

Lorsque Dieu a dit à un Esprit : Tu vas te réincarner dans telle famille et là tu honoreras tes Parents et tu les aimeras plus que toi-même.

Ce sont les seules paroles dont un Esprit puisse se souvenir pendant sa vie matérielle. Lorsqu'un enfant vient au monde son esprit se trouve dans un état de torpeur et de sommeil et cela jusqu'au jour où par l'étude cet esprit s'instruit, son intelligence se développe et en grandissant il arrive à connaître tout ce qui se trouve autour de lui.

Lorsque l'enfant est arrivé à l'âge d'homme ou de femme, suivant le sexe, il doit chercher un état soit manuel, soit intellectuel, car tous les hommes doivent travailler.

Lorsque l'enfant est arrivé à l'âge mûr, il doit demander conseil à ses parents pour choisir une compagne, afin de se constituer à son tour une famille.

Les enfants doivent avoir pour leurs parents une grande vénération pour tous les soins dont ils ont entouré leur jeune âge, pour les soins constants qu'ils leur ont donnés dans leur tendre enfance.

Les enfants doivent, lorsque leurs parents sont arrivés à un âge où ils ne peuvent plus travailler, leur donner à leur tour tout ce qui leur est nécessaire pour leur vie matérielle et les aider par tous les moyens qui sont en leur pouvoir.

Les enfants doivent surtout à leurs parents le respect et la soumission. Ils doivent en outre les aider dans le besoin et leur donner tout ce qui est en leur pouvoir pour que la vie matérielle leur soit assurée jusqu'à la fin de leurs jours.

VIII

Du Mariage

Lorsque Dieu a créé les Esprits il leur a dit :
Vous vous réincarnerez sur la terre et là vous
multiplierez.

Mais Dieu n'a jamais dit : pour être unis vous
passerez devant un prêtre pour qu'il vous bénisse,
ni devant un magistrat pour qu'il vous unisse,
mais il a simplement dit : Vous vous unirez et
vous multiplierez.

Lorsque l'enfant est arrivé à l'âge mûr, il doit
demander conseil à ses parents pour choisir un
compagnon ou une compagne avec qui il puisse
vivre et se constituer un foyer et une famille.

Il ne faut pas que les préjugés du monde viennent influencer en rien le choix de la personne
avec qui l'enfant doit s'unir, et ni la richesse ni
la situation des parents ne doit rentrer en ligne
de compte. Il faut d'abord que les caractères puissent s'accorder et pour cela il faut que le compagnon et la compagne soient attirés l'un vers l'autre et qu'ils s'unissent de leur plein gré sans que
les parents ne fassent aucune pression pour les y
obliger.

Le choix d'un compagnon ou d'une compagne

st donc une chose très grave car une fois le choix fait et l'union contractée, Dieu ne permet pas qu'on la rompe à moins de conditions tout à fait spéciales.

Les gens qui habitent une portion de la terre doivent se soumettre aux lois qui régissent cette portion de terre concernant le mariage et cela au point de vue légal.

Car il ne faut pas que si un enfant vient au monde dans cette nouvelle famille il se trouve en infériorité au point de vue légal, cela serait une grande faute que les parents devraient expier.

Mais lorsque deux personnes se sont unies pour vivre ensemble et que de leur union naît un enfant, ils doivent se soumettre aux lois de leur pays et passer devant le magistrat pour faire légaliser leur union. S'ils ne le font pas, ils commettent une grande faute qu'ils devront expier.

Lorsque deux personnes se sont unies pour vivre ensemble et que de leur union ne naît pas d'enfant, leur union quoique libre est aussi bonne aux yeux de Dieu que celle des personnes ayant passé devant le prêtre et le magistrat car dans les pays peu civilisés où il n'y a ni prêtres, ni magistrats, les unions ont lieu aussi bien que dans les pays civilisés et sont tout aussi bonnes aux yeux de Dieu.

IX

Des causes de dissolution du mariage

Lorsque deux personnes se sont unies pour constituer un foyer ou une famille, elles ne peuvent rompre cette union que si Dieu le permet.

Les raisons qui permettent de rompre une union sont d'abord : Si l'une des personnes est atteinte d'une maladie qui altère son corps et cela avant l'union.

Si l'une des personnes est atteinte d'une maladie mentale.

Si l'une des personnes est atteinte d'une maladie qui empêche la reproduction et cela avant l'union.

Si l'une des personnes est atteinte d'une maladie dont les causes peuvent attenter à la santé de l'enfant qui pourrait naître et cela avant l'union.

Si l'une des personnes est atteinte d'une maladie incurable et cela avant l'union.

Voilà les seules causes que Dieu accepte et qui permettent de rompre une union. Mais ni les différences de caractère, ni les divergences dans la manière de voir, ni les différences d'opinions ou de religion ne sont des causes qui permettent de rompre une union librement contractée et c'est avant le mariage que les personnes qui doivent s'unir, doivent se rendre compte si les caractères sympathiseront ou si les deux personnes ont la même manière de voir et si elles ont la même religion et les mêmes opinions.

Une fois l'union contractée, elle est indissoluble sauf pour les causes énumérées plus haut.

X

Du Célibat

Lorsqu'un Esprit se réincarne sur la terre Dieu lui dit : Tu vas te rendre sur la terre et là tu prendras une compagne et vous multiplierez.

Les gens une fois arrivés à l'âge mûr doivent donc, pour suivre la loi de Dieu, choisir une compagne et se constituer un foyer et une famille.

Donc un homme qui reste célibataire est en contradiction avec lui-même puisqu'il a accepté au moment de sa réincarnation de se marier et d'avoir des enfants.

Il est cependant des cas que Dieu accepte pour qu'un homme ou une femme ne contracte pas d'union.

Le premier cas est celui des hommes qui se destinent à la carrière épiscopale. Mais il faut que cette chose soit faite avec sincérité. Il faut que l'homme qui veut être prêtre le soit véritablement.

Il doit d'abord selon les lois de l'Eglise faire vœu de chasteté et une fois ce vœu accepté il doit le remplir et éviter toutes les occasions qui pourraient le faire succomber.

Le second cas est celui d'un homme qui se destine à l'instruction et à l'éducation des enfants, au service des infirmes et des vieillards mais encore faut-il que ce travail soit fait avec abnégation et surtout dans le but de secourir ceux qui souffrent et ceux qui sont déshérités de la nature.

Le troisième cas est celui d'un homme qui se destine à la vocation de missionnaire afin d'aller porter la lumière aux peuples qui ne sont pas encore civilisés.

Mais il faut que cette vocation soit faite avec sincérité et ne pas profiter de son séjour dans les pays arriérés pour y faire du commerce et trafiquer commercialement les prières et les objets les plus divers.

Le quatrième cas et le dernier est celui d'un homme malade qui sait que s'il contracte une union aura des enfants qui naîtront avec une maladie héréditaire et par conséquent en infériorité avec leurs semblables.

Voilà les seuls cas que Dieu accepte et qui permettent à un homme de rester célibataire. Maintenant nous allons examiner les cas pour les femmes.

Lorsqu'un Esprit se réincarne comme femme Dieu lui dit : Tu vas te réincarner sur la terre, là tu auras des enfants que tu nourriras et que tu élèveras de façon que cet Esprit s'élève spirituellement.

La femme doit donc faire tout son possible pour nourrir ses enfants et ne les confier à des mains mercenaires que s'il y a vraiment impossibilité pour elle de les nourrir.

C'est le plus beau travail d'une femme que de nourrir elle-même ses enfants.

La femme doit donc, arrivée à l'âge mûr, prendre un compagnon pour se constituer un foyer et une nouvelle famille.

Il y a des cas que Dieu accepte pour que la femme ne contracte pas d'union.

Le premier cas pour une femme est celui qui consiste à se dévouer au service des malades, des enfants et des vieillards.

Le deuxième cas est celui d'une femme qui rentre dans les ordres pour soigner les malades ou les vieillards mais il faut que ce service soit fait avec abnégation et que la femme qui fait vœu de chasteté évite toutes les occasions qui pourraient la faire succomber.

Le troisième cas est celui d'une femme dont le physique serait repoussant et qui ne pourrait pas malgré sa bonne volonté trouver un compagnon.

Le quatrième cas est celui d'une femme qui serait atteinte d'une maladie mentale ou d'une maladie qui pourrait se reproduire dans ses enfants.

Voilà les seuls cas que Dieu accepte et qui permettent à la femme de ne pas contracter d'union.

XI

Du Mariage au point de vue spirituel

Lorsque Dieu a dit aux Esprits : Vous vous unirez et vous multiplierez, il n'a pas dit : Vous chercherez un compagnon ou une compagne dont la
fortune sera égale ou supérieure à la vôtre, ou
vous chercherez un compagnon ou une compagne
dont les parents auront une brillante situation,
non, Dieu a dit : Vous vous unirez et vous multiplierez.

Lorsque les Esprits sont arrivés à l'âge mûr ils
doivent selon les lois de Dieu choisir un compagnon ou une compagne pour se constituer un foyer
et se créer une nouvelle famille.

Les parents doivent guider leurs enfants dans
le choix qu'ils doivent faire et leur donner tous
les conseils qui leur sont nécessaires. Mais ils ne
doivent en aucune façon influencer leurs enfants
pour qu'ils prennent telle personne plutôt que
telle autre parce que les préjugés du monde s'op-
posent à une telle union.

Les parents qui obligent un enfant à prendre
pour compagnon ou pour compagne une personne

contre leur désir commettent une faute très grave. D'abord ils suppriment le libre arbitre de l'enfant, ensuite ils lui imposent pour compagnon ou pour compagne une personne avec laquelle il n'y a aucune affinité. Ils sont donc responsables de tout ce qui peut se produire dans la suite. C'est donc une responsabilité très grande pour les parents qui imposent à leur enfant un compagnon ou une compagne contre leur gré.

La fortune que beaucoup de parents font entrer en ligne de compte lorsqu'il s'agit d'une union à contracter ne devrait jamais n'y être pour rien, car la fortune est une chose qui n'appartient à personne, c'est une chose prêtée par Dieu qui peut la retirer à n'importe quel moment ; c'est une chose sur laquelle il ne faut jamais compter, car combien de personnes ont été riches hier, pauvres aujourd'hui.

Les gens pour qui la fortune est tout auront un compte terrible à rendre à Dieu lors de leur désincarnation, car si Dieu leur a donné la fortune ce n'est pas pour amasser et augmenter le capital. Non, Dieu a donné la fortune aux gens pour qu'ils distribuent aux pauvres tout l'excédent de ce qui leur est nécessaire pour leur vie matérielle même en la comptant très largement.

Mais combien sont peu nombreuses les personnes qui disposent de la fortune selon les lois de Dieu.

Les parents qui ont de la fortune doivent en

mariant leurs enfants leur donner ce qui leur est nécessaire pour leur vie matérielle, mais ils ne doivent leur donner ni luxe ni bien-être, ceci doit se gagner par le travail, car il faut que tout le monde travaille soit manuellement soit intellectuellement, et l'argent gagné par le travail peut-être dépensé pour obtenir du bien-être et du luxe puisqu'il a été gagné.

Les parents ne doivent jamais conduire dans le monde une jeune fille avant qu'elle ait un compagnon, ils ne doivent pas l'élever dans le bien-être ni le luxe qui ne lui appartient pas, mais ils doivent au contraire lui apprendre à tenir une maison, à savoir ce qu'une jeune fille doit connaître avant de se mettre en ménage et surtout lui donner tous les renseignements et tous les conseils dont elle peut avoir besoin dans le choix d'un compagnon qui la rende heureuse.

Là est le vrai devoir des parents et combien de ménages auraient été plus unis et plus heureux si les parents au lieu de ne regarder que les apparences extérieures avaient regardé un peu plus sérieusement si les deux caractères que l'on voulait unir pouvaient sympathiser et si les deux compagnons étaient bien faits pour vivre ensemble.

XII

Du devoir des Esprits

Lorsque Dieu a créé les Esprits, il leur a donné autant de bien que de mal et il leur a dit : Tu t'incarneras sur la terre et là tu travailleras pour expier les fautes de tes vies antérieures. Tu travailleras pour t'élever scientifiquement et spirituellement.

Si tu suis ton droit chemin et que ta vie soit bonne à ta désincarnation, tu reviendras me trouver dans l'Au-delà et là tu jouiras de la récompense promise à ceux qui auront vécu dans la sagesse, qui auront travaillé à leur élévation spirituelle et à l'élévation de tous ceux qui sont autour d'eux.

Si au contraire tu restes dans une situation stagnante, que tu ne fasses rien pour t'élever, eh bien ta vie sera nulle et tu seras obligé de la recommencer et généralement dans des conditions plus mauvaises que celles que tu avais la première fois.

Si au contraire ta vie a été mauvaise il faudra d'abord expier dans l'Au-delà les fautes et les crimes que tu auras commis. Tu resteras dans la zone obscure un temps indéterminé et il n'y a que les prières des gens que tu auras laissés sur la terre qui pourront abréger les souffrances de l'Au-delà en demandant à Dieu une prompte réincarnation pour venir expier dans une nouvelle vie les fautes et les crimes que tu auras commis dans ta vie antérieure.

Les Esprits dont la vie a été bonne au point de vue spirituel se rendent d'abord dans la zone intermédiaire où ils expient les quelques petites fautes qu'ils ont pu commettre et avec les prières des gens qu'ils ont laissés sur la terre, ces Esprits s'élèvent jusqu'au jour où Dieu leur permet de venir prendre leur place dans la zone de lumière.

Les Esprits dont la vie a été nulle à leur désincarnation se rendent dans la zone intermédiaire et là ils attendent les ordres de Dieu. Si les gens qu'ils ont laissés sur la terre prient pour eux, Dieu pourra leur accorder une prompte réincarnation afin qu'ils puissent au moyen d'une nouvelle vie racheter la nullité de leur vie antérieure.

Lorsqu'un Esprit se désincarne il reste attaché à la matière jusqu'au moment où son corps matériel est enfoui dans la terre et ce n'est qu'à ce moment-là qu'il a connaissance de sa désincarnation. Si les gens qu'il a laissés sur la terre se lamentent, pleurent, l'Esprit désincarné reste près de son corps et cela peut durer quelquefois très longtemps.

Au contraire si les gens que l'Esprit a laissés sur la terre prient et demandent à Dieu le dégagement de l'Esprit qui vient de se désincarner,

l'Esprit a tout de suite connaissance de sa désincarnation et les amis de l'Au-delà viennent lui
montrer le chemin qui doit le conduire devant
Dieu où il repassera ses vies antérieures, verra ce
qu'il a fait de bien ou de mal et suivant que les
bonnes actions seront supérieures aux mauvaises
Dieu lui dira : Tu vas te rendre dans telle zone
et là tu attendras mes ordres.

Si les mauvaises actions sont supérieures aux
bonnes, l'Esprit verra le bien qu'il aurait pu faire
et qu'il n'a pas fait, de même que les mauvaises
actions qu'il a faites et qu'il aurait pu éviter, Dieu
lui dit alors : Tu vois ce qu'a été ta vie et tu vois
ce qu'elle aurait pu être, eh bien, tu vas te rendre dans telle zone et là tu attendras mes ordres.

Les Esprits acceptent toujours les ordres de
Dieu avec plaisir et ne demandent qu'une chose,
c'est que Dieu leur accorde une prompte réincarnation.

XIII

Du devoir des Esprits
envers les gens de la terre

Les Esprits qui sont dans l'Au-delà ont tous une
tâche à remplir ; Dieu leur a donné à tous un devoir à remplir. Ils doivent veiller sur les êtres
qu'ils ont aimés sur la terre et ils doivent veiller
sur tous ceux qui prient pour eux.

Lorsqu'un Esprit arrive dans l'Au-delà et que sa vie a été bonne, après un séjour relativement court dans la zone intermédiaire, cet Esprit s'élève et monte dans la zone de lumière, là il attend les ordres de Dieu.

Pendant son séjour dans cette zone, l'Esprit a comme devoir d'abord de servir de commissionnaire aux Esprits des zones supérieures pour toutes les communications que Dieu veut faire faire aux Esprits qui sont dans la zone intermédiaire ou dans la zone errante.

Ils sont chargés aussi de communiquer avec les gens de la terre pour leur donner tous les renseignements nécessaires à leur élévation spirituelle.

Les Esprits de la zone de lumière sont très heureux, ils jouissent de la vue de Dieu mais ils ne peuvent pas l'approcher et toutes les communications que Dieu a à leur faire leur sont faites par les Esprits des zones supérieures.

Lorsque Dieu a jugé qu'un Esprit était resté assez longtemps dans la zone de lumière, il lui dit : Prépare-toi car sous peu tu te réincarneras sur la terre et là tu travailleras à ton élévation spirituelle.

L'Esprit se recueille, demande à ses protecteurs naturels leur aide et protection et attend le moment où Dieu lui dira : Tu vas te rendre dans telle famille ou dans telle autre, choisis, et lorsque tu auras fait ton choix tu me le diras.

L'esprit ainsi prévenu, pèse le pour et le contre, vois les avantages et les inconvénients qu'il aura pour s'élever et finalement choisit. Il dit alors à Dieu : Je suis prêt.

Dieu décide alors du moment où l'Esprit devra se réincarner.

Les Esprits de la zone de lumière sont tous des Esprits élevés mais pour pouvoir monter dans la zone supérieure il faut forcément une réincarnation.

Cette réincarnation peut être très courte si l'Esprit est déjà très élevé ou si l'Esprit n'a rien à expier car le fait seul d'accepter la réincarnation élève l'Esprit, car, l'Esprit étant dans un état de bien-être, demande à y rester le plus longtemps possible ; c'est donc une peine pour lui de quitter ce lieu de délices pour se réincarner sur la terre, lieu de souffrances et de luttes.

XIV

Du devoir des Esprits des zones supérieures envers les Esprits de la zone de lumière.

Lorsqu'un Esprit de la zone de lumière se désincarne, si sa vie a été bonne et qu'il ait expié toutes les fautes qu'il avait commises, il se rend dans la zone éthérée.

Les Esprits de la zone éthérée sont tous très élevés spirituellement; ils jouissent de la vue de Dieu, ils sont en communication constante avec les Esprits de la zone de lumière et avec les gens de la terre.

Les Esprits de la zone éthérée sont chargés par Dieu des communications qu'il veut faire faire aux Esprits de la zone de lumière ou aux Esprits de la zone errante.

Lorsque Dieu veut qu'une partie de la terre progresse, il choisit dans la zone éthérée un Esprit et lui dit : Tu vas te rendre sur la terre dans telle partie que je t'indiquerai et là tu enseigneras aux gens telle chose que je veux qu'ils sachent afin qu'ils s'élèvent spirituellement.

L'Esprit désigné par Dieu demande à tous ses amis de la zone éthérée de vouloir bien l'aider à accomplir la tâche dont Dieu l'a chargé. Il demande aide et protection à ses protecteurs naturels et dit à Dieu : Maintenant, je suis prêt.

Les Esprits de la zone éthérée sont tous des Esprits dont les connaissances sont très élevées, ils connaissent toutes les sciences et peuvent causer sur n'importe quel sujet.

Les Esprits de la zone éthérée sont tous des Esprits dont les connaissances sont très étendues; ils peuvent voir beaucoup plus loin que les Esprits de la zone de lumière et peuvent renseigner les gens sur n'importe quelle chose et traiter n'importe quel sujet. Les Esprits de la zone éthérée sont donc les missionnaires de Dieu chargés d'apprendre aux gens de la terre ce que Dieu veut que les gens sachent pour leur élévation spirituelle.

Les Esprits des zones supérieures sont tous des Esprits très élevés scientifiquement et spirituellement : ils sont donc les missionnaires de Dieu auprès des gens de la terre.

Les Esprits des zones supérieures ayant vécu sur des planètes beaucoup plus élevées que la terre au point de vue scientifique ou spirituel, connaissent donc toutes les sciences et savent se servir de choses qui sont complètement ignorées des gens de la terre, et c'est pourquoi, lorsque Dieu juge qu'une chose doit être connue, qu'il envoie des Esprits des zones supérieures qui, une fois sur la terre, se souviennent de telle chose qu'ils ont connue sur une autre planète et qu'ils ont mission de faire connaître aux gens de la terre.

Les Esprits matériels qui sont sur la terre ne peuvent donc rien par eux-mêmes, et tout ce qui s'invente, tout ce qui se découvre est inventé et découvert par des Esprits des zones supérieures qui avaient la mission de venir le faire connaître aux gens de la terre.

Les Esprits des zones supérieures lorsqu'ils ont à correspondre avec les gens de la terre, emploient le concours des Esprits des zones de lumière qui eux sont chargés de se mettre en relation avec les Esprits matériels.

Lorsqu'un Esprit matériel demande une communication, c'est un Esprit des zones de lumière qui lui répond et cet Esprit demande aux Esprits des zones supérieures ce qu'il doit répondre.

Lorsqu'un Esprit matériel demande une communication scientifique, c'est un Esprit des zones de lumière qui répond, mais, comme ses connaissances scientifiques ne sont pas plus étendues que celles de l'Esprit qui le consulte, il est donc obligé pour répondre de s'adresser aux Esprits des zones supérieures qui lui donnent tous les renseignements nécessaires, afin qu'il puisse les transmettre aux Esprits matériels qui sont venus les consulter.

Les Esprits des zones de lumière sont donc les intermédiaires entre les Esprits des zones supérieures et les Esprits matériels.

Lorsqu'un Esprit matériel se désincarne, ce sont les Esprits des zones de lumière qui sont chargés par Dieu de venir le recevoir, de lui montrer son chemin et de lui faire voir ce qu'il a fait de bien et ce qu'il a fait de mal dans sa dernière vie et dans ses vies antérieures, et de peser avec lui ce qui doit l'emporter du bien ou du mal.

Lorsqu'un Esprit matériel s'est désincarné et que Dieu lui a dit : Tu vas te rendre dans telle zone et là tu attendras mes ordres, si les gens que cet Esprit a laissés sur la terre prient et demandent à Dieu le dégagement de la matière et la lumière pour cet Esprit désincarné, c'est encore un Esprit des zones de lumière qui vient annoncer à l'Esprit désincarné que l'on prie pour lui, que l'on demande son dégagement matériel et la lumière.

Si Dieu accorde la chose demandée, eh bien ! c'est un Esprit des zones de lumière qui accompagne l'Esprit désincarné à la place que Dieu lui a assignée.

Les Esprits des zones supérieures qui sont tous des protecteurs naturels et des guides ne peuvent plus rien sur l'Esprit désincarné.

XV

Du devoir des Esprits des zones supérieures au point de vue spirituel et scientifique.

Les Esprits de la zone éthérée qui se réincarnent ont tous une mission à remplir, mission qui peut être soit scientifique soit spirituelle. Les Esprits de la zone éthérée sont donc en communication constante avec les gens de la terre pour leur apprendre telle chose scientifique que Dieu veut faire connaître pour modifier la manière de vivre et faire élever les gens scientifiquement.

Toutes les inventions, toutes les choses nouvelles sont annoncées par des Esprits de la zone éthérée à qui Dieu a donné l'ordre de faire connaître aux gens telle invention ou telle chose nouvelle.

Lorsque Dieu a décidé qu'une partie de la terre

devait s'élever spirituellement, il choisit un ou plusieurs Esprits de la zone éthérée et les envoie sur
la partie de la terre qui doit s'élever. Là, ces Esprits
doivent par tous les moyens et malgré toutes les
embûches, enseigner aux gens de la terre la chose
que Dieu veut que les gens connaissent afin qu'ils
puissent s'élever spirituellement. Ainsi lorsque
Dieu a décidé que les prêtres seraient soldats, ou
bien lorsque les prêtres ne seraient plus payés par
l'État pour exercer leur ministère, ou bien lorsque les prêtres ne seraient plus considérés comme
des fonctionnaires et seraient obligés de lutter
pour gagner ce qui leur est nécessaire pour leur
vie matérielle ; ou bien encore lorsque Dieu a décidé que les gens seraient meilleurs ; que les guer-
res seraient plus rares ; ou bien lorsque Dieu a
décidé que les gens s'instruiraient spirituellement
au moyen de groupes, que ces groupes formeraient des adeptes qui à leur tour en formeraient
d'autres ; et que de cette façon la doctrine spirite
se répandrait rapidement et arriverait avant qu'il
soit longtemps à être universellement connue ; que
les gens initiés en initieraient d'autres, et que par
ce moyen la doctrine spirite arriverait à être la
religion naturelle que les gens doivent suivre pour
s'élever spirituellement.

Les Esprits des zones supérieures étant tous des
Esprits très élevés spirituellement sont chargés
par Dieu de missions spéciales telles que d'apprendre aux gens de la terre que la Religion ca-

tholique romaine a complètement défiguré la religion du Christ qui voulait l'humilité, la pauvreté, l'amour de son prochain, d'aider ceux qui sont dans le besoin, soulager ceux qui souffrent et non vendre les prières à ceux qui peuvent les payer et les refuser à ceux qui n'ont pas les moyens d'en acheter.

Les Esprits des zones supérieures peuvent être chargés aussi d'enseigner aux gens les lois de Dieu et d'enseigner aux gens comment il fallait qu'ils vivent pour que leur vie matérielle soit bonne et qu'ils puissent s'élever spirituellement.

Les Esprits des zones supérieures peuvent être chargés d'enseigner aux gens la doctrine spirite, de leur faire connaître les relations qui existent entre les Esprits de l'Au-delà et les Esprits matériels, de leur faire connaître les différents moyens de communication et une fois ces gens initiés leur donner des renseignements et des conseils sur ce qui les intéresse dans leur vie matérielle et les aider à travailler à leur élévation spirituelle.

XVI

Du Devoir des Esprits des zones divines envers les Esprits des zones supérieures

Les Esprits des zones divines sont des Esprits dont l'élévation scientifique et spirituelle est très élevée.

Ces Esprits sont peu nombreux pour le moment du moins. Ils jouissent de la présence de Dieu et ce sont eux qui transmettent ses ordres aux Esprits des zones supérieures qui à leur tour les transmettent aux Esprits des zones de lumière.

Les Esprits des zones divines sont en communication constante avec Dieu, ils le voient et sont en possession de sa présence.

Les Esprits des zones divines ne se réincarnent plus, ils sont dans un état fluidique complet, ils se transportent partout avec la rapidité de l'éclair, ils voient tout et connaissent tout.

Les Esprits des zones divines sont tous des Esprits dont les connaissances sont infinies, ils peuvent donc causer de tout et renseigner les gens sur n'importe quel sujet.

Lorsqu'un Esprit matériel demande une communication sur un sujet très élevé, eh bien ce sont les Esprits des zones divines qui répondent par l'intermédiaire des Esprits des zones supérieures et des Esprits des zones de lumière.

Les Esprits des zones divines ont eu à traverser beaucoup de luttes, ils ont eu un nombre incalculable de réincarnations sur toutes les planètes, ils ont donc eu à souffrir toutes sortes de misères et c'est par ces luttes successives et par ces réincarnations répétées que ces Esprits se sont élevés.

Mais ce qui les a élevés tous beaucoup ce sont les missions spéciales dont Dieu les avait chargés et qu'ils ont remplies avec beaucoup de succès.

XVII

Du Devoir des Esprits des zones divines envers les Esprits des zones supérieures au point de vue spirituel.

Les Esprits des zones divines sont chargés de missions tout à fait spéciales ainsi :

Le Christ lorsqu'il est venu sur la terre enseigner aux gens les lois de Dieu et apprendre aux gens comment ils devaient vivre pour vivre selon les lois de Dieu.

Lorsque Dieu a jugé qu'un pays doit s'élever spirituellement il envoie dans ce pays un Esprit des zones divines avec mission de faire connaître aux gens telle chose qui doit les élever spirituellement.

Lorsque Dieu a jugé qu'une religion avait assez vécu il envoie dans ce pays un certain nombre d'Esprits des zones divines avec mission de faire comprendre aux gens que ce que leur enseigne cette religion est faux et contraire aux ordres de Dieu.

Lorsque Dieu a jugé qu'un pays devait s'élever spirituellement et que cette élévation devait se faire rapidement, il envoie dans ce pays un certain nombre d'Esprits des zones divines et leur dit : Il faut que ce pays s'élève, prenez avec vous les Esprits des zones supérieures qui vous seront nécessaires et vous vous rendrez sur la terre; là vous formerez des groupes que vous initierez, ces initiés en instruiront d'autres et de cette façon en un temps relativement court un grand nombre d'Esprits se trouvent instruits et peuvent à leur tour en instruire d'autres.

C'est ce qui arrive en ce moment pour la France, dans beaucoup de villes il existe des groupes spirites, ces groupes deviendront de plus en plus nombreux, le nombre d'adeptes augmentera, le nombre de gens initiés ira en croissant et de cette façon-là un jour prochain la France entière sera spirite, elle se sera donc élevée spirituellement.

Lorsque les gens qui gouvernent seront des initiés de la doctrine spirite, ils comprendront mieux leurs devoirs, vivant suivant les lois de Dieu, et les gens seront plus heureux car il y aura moins de misère puisque ceux qui auront la fortune sauront qu'ils doivent partager avec ceux qui n'ont rien, et que ceux qui souffrent doivent être soulagés par ceux qui en ont les moyens.

Conférences spirites

faites

par les Amis de l'Au-delà

CHAPITRE II

I

De la Genèse de la Terre et de la Venue des Esprits

La terre que vous habitez en ce moment n'a pas toujours eu la forme ni l'aspect qu'elle a aujourd'hui. Ce fut d'abord un globe de feu détaché du soleil, qui petit à petit se solidifia et dont la croûte se durcit peu à peu. L'intérieur de la terre est encore en feu actuellement, témoins les volcans qui servent à faire échapper la trop forte pression et qui souvent produisent des cataclysmes comme ceux du Mont-Pelé ou bien ceux de la Sicile.

C'est que Dieu a jugé qu'il y avait en ce moment trop d'Esprits élevés et qu'il fallait qu'il les rappelle à lui et cela dans un temps très court, et que ces Esprits seraient remplacés par d'autres Esprits qui viendraient continuer le travail fait par ceux qui venaient de disparaître.

Dieu a jugé que le moment était venu de faire

connaître au monde ses lois et qu'il fallait que les Esprits nouveaux soient plus élevés que ceux qu'ils remplaçaient. Dieu lorsqu'il a créé le monde ne l'a pas fait comme vous le dit le catholicisme en six jours, mais en six périodes et c'est pourquoi l'on vous dit qu'il faut se reposer le Septième jour comme Dieu s'est reposé lui-même après la création du Monde.

La terre à l'époque de sa création a servi pendant très longtemps de séjour aux Esprits errants ou Esprits n'ayant aucun point fixe, aucun point de ralliement, c'est-à-dire aux Esprits de la zone d'erraticité.

Plus tard lorsque ces Esprits se furent affinés, se furent dématérialisés, Dieu y envoya des Esprits plus élevés spirituellement, et alors commença une vie nouvelle.

Les Esprits en se désincarnant et en se réincarnant s'affinèrent et par suite s'élevèrent spirituellement : il y eut donc progrès spirituel ; en même temps la terre progressait elle-même et sa connaissance des choses augmentait en même temps.

Dieu envoyait alors sur la terre des Esprits de la zone éthérée pour instruire les gens qui avaient besoin de savoir pourquoi Dieu les avaient créés et ce que Dieu attendait d'eux.

Alors une nouvelle vie commença sur la terre et ce fut aux Indes, ce que vous appelez les Indes, que la civilisation commença. Les Esprits de ce pays arrivèrent très vite à une très grande civilisation et ils arrivèrent à un degré d'élévation spirituelle supérieure au vôtre.

Dieu trouvant à ce moment-là qu'il y avait dans ce pays trop d'Esprits élevés, leur envoya alors le cataclysme et ce fut alors une série d'accidents, éruptions de volcans, inondations et toutes sortes d'autres maux qui firent que la population disparût en très peu de temps.

Dieu envoya alors pour les remplacer des Esprits nouveaux mais d'une élévation médiocre afin qu'ils soient obligés de travailler beaucoup pour leur élévation spirituelle.

Après les Indes ce fut le tour de la Chine. Vous savez que les Chinois s'intitulent « fils du Ciel », mais malheureusement ils n'étaient que fils de Chinois.

La civilisation en Chine obtint son apogée, mais elle était l'apanage de gens spéciaux qui disaient qu'ils invoquaient les dieux mais qui n'étaient tout simplement que des gens connaissant la doctrine spirite, mais qui la gardaient scrupuleusement enfouie en eux et qui n'en faisaient connaître que ce que Dieu permettait qu'on en fît connaître à ce moment-là.

Après la Chine il y a eu la civilisation Egyptienne; c'est à ce moment-là que commencèrent tous ces grands travaux dont on retrouve aujourd'hui les débris.

L'Egypte eut une civilisation très avancée, mais encore là ce ne fut qu'une petite quantité de gens

qui furent initiés à la doctrine spirite et ces gens-
là vivaient dans une très grande sagesse, observant
les lois de Dieu dans toutes leurs rigueurs et ne
laissant voir et ne disant que ce que Dieu permettait de laisser voir et de laisser dire.

Moïse a qui Dieu donna les tables de la loi apprit
aux gens à connaître un Dieu terrible, qui punissait sévèrement toutes fautes, c'est qu'il fallait
qu'à ce moment-là Dieu fût connu de la sorte car
les gens qui vivaient dans un état matériel très
profond devaient être prévenus que Dieu était un
Être terrible et devant punir sévèrement toutes
fautes.

Plus tard lorsque le Christ vint sur la terre il
apprit aux gens à connaître un Dieu bon, infiniment juste. C'est que les gens de ce moment-là
s'étaient déjà élevés matériellement et spirituellement et que par conséquent Dieu pouvait leur
dire : Je suis un Dieu bon et infiniment juste.

Les Esprits qui vinrent à cette époque étaient
donc des Esprits déjà élevés et qui pouvaient travailler à leur élévation spirituelle.

Il fallut à ce moment-là une très grande force
pour pouvoir faire comprendre à ces gens combien
Dieu était bon et combien il était infiniment juste.

Mais en Egypte comme aux Indes et comme en
Chine, lorsqu'il y eut un nombre assez grand d'Esprits élevés, Dieu leur envoya les cataclysmes et
toutes sortes de maux qui, en peu de temps, déci-
mèrent la population, et d'autres Esprits vinrent

remplacer ceux qui partaient mais étaient d'une élévation moins haute qu'eux.

Ensuite il y eut la civilisation de la Grèce et celle de Rome, et finalement nous arrivons à la partie de la terre que vous habitez.

Mais avant d'envoyer sur cette partie de la terre des Esprits élevés, Dieu y envoya des Esprits matériels afin qu'ils puissent, par des incarnations successives, s'élever spirituellement.

Mais toute la surface de la terre reçut des Esprits en même temps, aussi bien l'Inde que l'Afrique et l'Amérique, mais toutes ces parties ne reçurent pas des Esprits de même élévation.

Ainsi le centre de l'Afrique reçut des Esprits dont la matérialisation était encore très grande, et c'est pourquoi vous dites que ces peuplades ne sont pas civilisées.

Mais par contre, la partie située au centre de la surface de la terre reçut des Esprits ayant déjà vécu sur d'autres planètes et ayant déjà une certaine élévation spirituelle.

Dieu a voulu que vous soyez initiés à la doctrine spirite afin que vos enfants puissent à leur tour la faire connaître et que vous puissiez vous élever spirituellement et élever tous les Esprits désincarnés qui vous protègent, et de cette façon vous travaillez tous à votre élévation spirituelle.

II

De l'Effet des Esprits sur les Gens

Lorsque Dieu a créé la terre, le monde spirituel n'existait pas, mais lorsque l'atmosphère se
fut modifiée, Dieu envoya sur la terre des Esprits
venant d'une planète plus arriérée et ces Esprits
s'incarnèrent sur la terre en des corps ressem-
blant beaucoup à la bête.

Mais petit à petit ces Esprits s'affinèrent en travaillant pour se procurer ce qui était nécessaire
à leur existence et de ce fait s'élevèrent spirituellement.

En se réincarnant ces Esprits modifièrent leur
corps et ils finirent par la suite à avoir le corps
que vous possédez aujourd'hui.

Ces Esprits en se réincarnant plusieurs fois arrivèrent à s'affiner et leur élévation spirituelle
croissant à chaque réincarnation, la terre arriva
donc à avoir des Esprits d'un rang plus élevé
qu'au début.

A ce moment-là, Dieu, jugeant que la civilisation devait commencer, envoya sur la terre des
Esprits d'une planète plus élevée et dit à ces
Esprits : Vous allez vous rendre sur la terre et là
vous apprendrez aux gens telle chose qu'ils doivent savoir.

L'élévation de la terre se trouva de ce fait augmentée de beaucoup et c'est à partir de ce moment-là que l'on voit apparaître les premiers symptômes de la civilisation et que l'on rencontre des monuments préhistoriques.

Lorsque la civilisation eut atteint un certain niveau, Dieu retira un certain nombre d'Esprits élevés de la terre et les envoya dans une autre planète, et il envoya pour les remplacer des Esprits moins élevés afin qu'ils travaillent à leur élévation spirituelle.

Toutes les parties de la terre ont eu la même civilisation et lorsque vous dites que l'Amérique est un nouveau monde, c'est une grave erreur.

L'Amérique a existé aussi bien que les autres parties de la terre et sa civilisation était même plus avancée, mais à ce moment-là vous ne la connaissiez pas.

L'intérieur de l'Afrique, comme vous l'appelez, est à peu près la seule partie de la terre où la civilisation soit restée à peu près la même, et c'est dans cette partie que Dieu envoie les Esprits nouveaux avant qu'ils fassent leur entrée sur la terre.

Vous voyez donc que la terre a grandi beaucoup depuis le moment où les Esprits y firent leur apparition pour la première fois.

Mais Dieu dans sa bonté en même temps que les Esprits travaillaient à leur élévation, faisait progresser la terre au point de vue scientifique et

la manière de vivre se modifia plusieurs fois avant
d'arriver à être ce qu'elle est aujourd'hui.

Nous ne sommes encore qu'au début de la civilisation, et les Esprits qui viendront dans quelques
années n'auront plus la même manière de vivre
que nous parce que Dieu aura jugé le moment
venu d'apprendre aux gens quelque chose qui
modifiera complètement leur manière de vivre.

La terre aura donc avancé scientifiquement, et
en même temps Dieu n'enverra plus sur la terre
que des Esprits plus élevés, et de ce fait la terre
aura avancé dans le monde des planètes.

III

De la Religion catholique et du Spiritisme

Lorsque Dieu a donné les tables de la loi à
Moïse, il lui avait montré un Dieu terrible, un
Dieu de châtiment et un Dieu de punition.

C'est que les gens qui vivaient sur la terre à ce
moment-là, qui étaient des gens à moitié sauva-
vages, avaient besoin d'un Dieu de punition.

Plus tard lorsque ces gens se furent élevés par
des incarnations successives et qu'ils se furent
affinés il fallait leur faire connaître un Dieu meilleur et c'est pourquoi Dieu leur envoya le Christ
pour leur apprendre à connaître un Dieu bon, un
Dieu de miséricorde, un Dieu juste.

Le Christ choisit pour s'incarner une famille d'Esprits purs et c'est pourquoi il choisit Marie et Joseph qui étaient tous les deux des Esprits très élevés et très purs.

Il aurait pu choisir pour s'incarner une chaumière mais on aurait pu dire qu'il avait eu un certain luxe. Non pour s'incarner le Christ a choisi une étable, un peu de paille pour se reposer et juste une toiture pour l'abriter contre les intempéries des saisons.

Plus tard le Christ travailla de ses mains pour montrer aux gens que nous étions sur terre pour travailler manuellement ou intellectuellement.

Plus tard, arrivé à l'âge d'homme, le Christ commença à parler aux gens et à leur enseigner les lois de Dieu et pour cela il ne choisit pas des princes de la Science ni des prêtres mais de simples pêcheurs.

Il leur apprit que les gens étaient sur la terre pour s'aimer les uns les autres et qu'ils devaient abandonner ces habitudes de luxe, de bonne chère et de débauche pour vivre plus simplement et travailler à leur élévation spirituelle.

Il leur apprit qu'il y avait un Dieu infiniment bon, infiniment juste qui punissait les fautes mais qui récompensait les bonnes actions.

Plus tard il leur apprit qu'il fallait apprendre aux gens à être vertueux et qu'il fallait que les gens s'aident les uns les autres.

Plus tard il leur apprit qu'il fallait que les gens

aient des mœurs plus pures et qu'il ne fallait pas
continuer à vivre comme des bêtes.

Plus tard il leur apprit qu'il fallait que les
gens soient plus simples, qu'ils aient moins de
luxe, moins de bonne chère et que par suite ils
travaillent d'une façon plus sérieuse à leur élévation spirituelle.

Lorsque vint le moment pour lui de mourir sur
la Croix, il leur apprit que les souffrances que
nous avons à endurer sur la terre ne sont rien
et que nous devons les supporter sans nous plain-
dre.

Cependant à un certain moment le Christ eut
une défaillance et cela pour montrer aux gens
que tout le monde pouvait avoir des défaillances
dans la vie mais que l'on pouvait les racheter
par la prière.

Plus tard lorsqu'il fut désincarné il leur apprit
que la mort n'avait pas arrêté le cours de sa vie
mais que au contraire sa vraie vie ne faisait que
continuer et c'est pour cela qu'il leur dit : Je vous
reverrai dans trois jours.

En effet le troisième jour le Christ revint au
milieu de ses disciples et leur dit : Vous allez
vous rendre à certains endroits que je vais vous
désigner et là vous enseignerez aux gens les lois
de Dieu telles que je vous les ai enseignées moi-
même.

Mais au bout d'un certain temps un certain
nombre de gens qui n'étaient plus ceux à qui le

Christ avait enseigné la loi de Dieu changèrent et modifièrent le texte même de ces lois, en les modifiant à leur avantage, c'est-à-dire qu'ils avaient reconnu tout ce qu'ils pourraient tirer de cette doctrine en se l'appropriant et en la faisant connaître eux-mêmes selon les nouvelles modifications.

Alors naquit le catholicisme avec tous ses abus, il ne restait plus de la doctrine du Christ que certaines formules que l'on n'avait pas pu dénaturer.

On vit alors l'Eglise qui devait être humble se bâtir des palais, ses prêtres qui devaient être pauvres avoir des fortunes pendant que les gens restaient eux dans la boue et dans la misère.

Mais Dieu a jugé que le rôle de ces prêtres avait assez duré et il n'enverra pas comme pour le Christ un Esprit très élevé et très pur, un Messie, mais une nuée d'Esprits qui se répandront sur toute la surface de la terre et qui apprendront aux gens en même temps la même doctrine sans que personne ne puisse rien y changer car au même moment les autres personnes diraient : Non cela n'est pas vrai.

Voilà pourquoi dans toutes les villes, dans tous les Etats la doctrine spirite a pris naissance et s'est développée aussi rapidement.

IV

Du Rapport des Esprits entre eux

Les Esprits matériels ont entre eux des devoirs à remplir ils doivent se soutenir mutuellement, s'aimer les uns les autres.

Les Esprits doivent se montrer reconnaissants envers Dieu lorsqu'ils sont sur la terre et qu'il les initie à la doctrine spirite afin qu'ils puissent s'élever spirituellement.

Les Esprits ont à remplir envers leurs semblables un certain nombre d'obligations et ils doivent les remplir avec beaucoup de grâce sans se récrier, ni sans réticences.

Les Esprits qui sont sur la terre sont soumis à certaines lois qui ont été données par Moïse et ensuite par le Christ.

Dieu a dit : Vous vous aimerez les uns les autres et vous vous aiderez chacun selon vos moyens.

L'amour de son prochain est une chose très difficile à remplir pour le faire selon la volonté de Dieu, car il faut non seulement lui aider matériellement mais encore spirituellement.

Il faut, lorsqu'un ami est dans la peine, le consoler, lui donner des conseils, le guider et lui donner matériellement tout ce qui est en notre pouvoir.

Il faut lorsqu'un ami est dans le besoin lui donner ce qui lui est nécessaire pour son existence matérielle et en même temps lui donner tout ce qui peut l'élever spirituellement.

De toutes les choses qui sont contraires aux lois de Dieu la première est la calomnie et la médisance.

Par la calomnie et la médisance on peut faire tort à son prochain par des paroles prononcées à la légère et qui répétées, sont dénaturées ou bien modifiées, et les gens de qui on a parlé sont alors soumis à une existence entachée, sans qu'ils n'en soient pour rien et qu'ils n'aient quelquefois rien fait pour donner naissance à ces bruits, à ces racontars.

La deuxième chose contraire aux lois de Dieu est l'égoïsme.

L'égoïste qui vit pour lui, qui entasse une fortune pour la mettre en réserve dans une banque ou dans un autre endroit aura un compte terrible à rendre à Dieu lorsqu'il arrivera dans l'Au-delà.

Enfin la troisième chose contraire aux lois de Dieu est le suicide.

Nul n'a le droit d'abréger le cours de sa vie. Dieu seul est souverain juge en la matière, et nous ne devons pas pour n'importe quelle chose que ce soit abréger même d'une minute le temps que nous devons passer sur la terre, car Dieu nous a mis sur la terre pour expier des fautes de nos vies antérieures, donc nous n'avons pas le droit pour n'importe quelle raison que ce soit d'y modifier quoi que ce soit, car c'est aller contre la volonté de Dieu et cela Dieu ne le veut pas.

V

Du Rapport des Esprits avec les gens

Lorsqu'un Esprit se réincarne, Dieu lui dit : Tu vas te rendre sur la terre et tu vas choisir entre plusieurs familles, dans celle-ci tu auras à soutenir telle lutte, dans celle-là tu auras telle autre : choisis et lorsque tu auras fait ton choix tu me le diras.

L'Esprit alors se recueille et repasse ses vies antérieures, voit le bon et le mauvais, et alors choisit la famille dans laquelle il se réincarne.

De ce moment-là l'Esprit conserve un souvenir qu'il gardera jusqu'au moment où l'incarnation commencera.

Dieu dit à l'Esprit ; Tu aimeras tes parents et tu feras en sorte qu'ils te donnent tout ce qui t'est nécessaire pour ta vie matérielle.

Dieu dit à l'Esprit : Tu seras en butte à toutes sortes d'embûches et tu seras sans cesse tourmenté : à toi de te montrer fort et de travailler à ton élévation spirituelle.

Dieu dit à l'esprit : Le jour où tu auras fait ton

voyage et où tu auras terminé la tâche que je t'ai assignée, tu viendras près de moi et je te dirai alors si tu dois monter dans la zone de lumière ou si tu dois rester dans la zone intermédiaire.

Dieu dit à l'Esprit : Si tu as fait œuvre utile où si tu as contribué à l'élévation de certains Esprits je te donnerai leur noms et alors ces Esprits seront chargés de veiller sur toi.

Dieu dit à l'Esprit : Toutes les fois que par les prières tu auras contribué à l'élévation d'un Esprit, tu auras travaillé d'autant à ton élévation spirituelle et je t'en tiendrai compte.

Dieu dit à l'Esprit : Tu vas avoir à prier pour tous tes parents qui sont désincarnés, pour tous tes amis protecteurs et pour tous ceux qui ont besoin de s'élever spirituellement, tâche donc que ton œuvre soit bonne afin qu'à ton tour je puisse te recevoir dans mon sein et te faire jouir de la récompense promise à ceux qui auront travaillé à leur élévation spirituelle.

VI

De l'Influence du Clergé dans le Monde

Lorsque le clergé fut chassé de France, il eut une vraie peine et un vrai chagrin, il eut une douleur profonde car il se sentit touché dans la partic la plus centrale, dans un pays où il avait régné depuis longtemps et où il croyait pouvoir dominer encore.

Lorsque le clergé vit qu'il n'y avait plus rien à faire, toute sa douleur se changea en vengeance et alors il fut commandé par Rome à tous les prêtres des villes et des plus petites communes de prier pour que toutes les calamités s'abattent sur la France.

Lorsque le clergé vit qu'il était complètement chassé et que le gouvernement ne voulait plus avoir aucune relation avec lui, les hommes qui étaient à la tête du clergé ordonnèrent aux prêtres de prier pour que toutes les calamités s'abattent sur la France.

C'est alors que l'on vit s'abattre sur la France toutes sortes de calamités. Et les obstacles surgirent à tout moment, les bruits de guerre se succédèrent et les embûches les plus grossières furent placées sous les pieds des gens qui gouvernent.

C'est alors que l'on vit l'Église romaine semer la discorde et la désunion parmi les gens au lieu de chercher à y amener la paix et l'union.

L'Église romaine comprit alors que son rôle était terminé en France et qu'il fallait chercher ailleurs un endroit où elle puisse s'implanter et arriver à régner en maîtresse.

L'Autriche se présenta comme le pays le plus favorable.

Ce pays divisé en deux religions, la religion

catholique et la religion dissidente, avait comme membres du gouvernement des gens qui étaient en même temps les chefs de cette religion dissidente.

L'Eglise romaine appela alors sur la tête de ces gouvernants toutes les calamités et l'on vit en effet s'abattre sur la maison d'Autriche, la folie, le suicide, l'extravagance.

Ces jours derniers un revirement s'est produit : les gouvernants ont abdiqué la religion dissidente pour embrasser la religion catholique.

Alors l'Eglise, changeant sa manière d'opérer, ordonna à son clergé de prier pour la maison d'Autriche, et on verra bientôt les calamités disparaître pour faire place à des ondulations différentes.

L'Eglise romaine se voyant chassée de l'Espagne employa les mêmes moyens, et le gouvernement qui voulait affranchir son pays du servage sous lequel il vivait, fut frappé dans ce qu'il avait de plus cher.

Son fils fut enveloppé de fluides tellement concentrés qu'il ne lui fut pas possible de communiquer avec les gens car sa parole et son ouïe étaient paralysés. Et l'Espagne étant un pays très arriéré, ce n'est pas les prières de ses sujets qui peuvent le dégager.

L'Italie, quoique en butte avec le clergé, n'est pas dans les mêmes conditions, car le peuple italien est un peuple fanatique à l'excès, et les prières des gens y ont contrebalancé les prières du clergé.

Voilà donc pourquoi depuis que la France s'est séparée de l'Eglise romaine il y a toujours eu un point noir à l'horizon et pourquoi les bruits de guerre les plus divers et les moins possibles n'avaient cessé de circuler de façon à faire tort au commerce et à l'industrie et favoriser certaines personnes, qu'au moyen de paroles lâchées sans conséquence ou mal interprétées ont donné crédit à tous ces bruits.

Il faut donc que tous les gens qui connaissent la doctrine spirite prient pour contrebalancer les prières du clergé.

Nous avons fait annoncer dans tous les groupes que Garibaldi demandait des prières pour préserver la France d'une nouvelle guerre.

Garibaldi était un spirite très élevé, ayant un culte pour la France parce que la France était un pays où la religion spirite était très développée, et c'est pourquoi Garibaldi a été choisi pour annoncer dans tous les groupes Lyonnais qu'il fallait prier pour la France.

D'autres Esprits ont été choisis pour annoncer dans les autres groupes des villes de France qu'il fallait prier et que les gens prient beaucoup pour que Dieu permette aux bons Esprits de venir contrebalancer les mauvais et que la France puisse retrouver la paix et la tranquillité et continuer à travailler à son élévation spirituelle.

VII

Du Devoir des Enfants
envers leurs Parents

Lorsqu'un Esprit doit se réincarner Dieu lui dit :
Tu aimeras tes parents par-dessus toutes choses.
Lorsqu'un Esprit doit se réincarner Dieu lui dit :
Choisis, dans cette famille-ci tu auras telle lutte
à supporter, dans cette famille-là tu auras telle
lutte ; eh bien ! c'est à toi de choisir et tu me diras
sur laquelle tu arrêtes ton choix.

Lorsqu'un Esprit doit se réincarner Dieu lui dit :
Tu vas te rendre dans la famille que tu as choisie,
et là on te fournira tout ce qui te sera nécessaire
matériellement jusqu'au jour où tu auras l'âge de
raison, alors à ce moment-là tu voleras de tes
propres ailes et tu devras faire en sorte de t'élever spirituellement.

Lorsqu'un Esprit doit se réincarner Dieu lui dit :
tu aimeras ta mère qui va te donner la nourriture
et tu adoreras ton père qui te fournira son appui
matériel et spirituel et tu dois les honorer par-
dessus tout.

Lorsqu'un Esprit doit se réincarner il faut que
la mère fasse tout son possible pour nourrir l'Esprit qui vient de naître et il ne faut jamais faire
faire ce travail par une personne étrangère à moins
de cas spécial.

Le plus beau travail de la femme est de nourrir son enfant, et les mères qui ne le font pas ne sont pas des mères telles que Dieu les veut.

Lorsqu'un Esprit doit se réincarner, le père doit à cet Esprit sa nourriture matérielle et il doit lui fournir tout ce que réclame son corps matériel en même temps que tout ce qui peut l'élever spirituellement.

Lorsqu'un Esprit doit se réincarner, les parents doivent faire tout ce qui est en leur pouvoir pour que l'Esprit qui vient de naître ne manque de rien. Ils doivent lui fournir tout ce qui lui est nécessaire pour sa nourriture matérielle et ils doivent lui fournir tous les moyens de s'élever spirituellement.

Lorsqu'un Esprit doit se réincarner, les parents sont tenus de faire tout leur possible pour que l'Esprit une fois arrivé à l'âge d'homme ou de femme, puisse choisir sa vocation sans pour cela être influencé la moindre des choses.

Lorsqu'un Esprit doit se réincarner il faut que les parents élèvent cette intelligence qui se réveille et qu'ils lui donnent tous les conseils qu'ils peuvent lui donner et qu'ils se montrent dignes de la grâce que Dieu leur a faite en leur envoyant un Esprit à élever, à instruire et à le lui rendre plus élevé spirituellement que lorsqu'on le leur a donné.

L'Esprit qui est réincarné a lui aussi des devoirs à remplir envers ses parents. Lorsqu'il arrive à l'âge mûr il doit se souvenir des dernières paroles qu'il a entendues avant sa réincarnation lorsque Dieu lui a dit : Tu aimeras tes parents pardessus tout et tes frères comme toi-même.

L'Esprit qui est réincarné doit donc avoir un amour immense pour ses parents, il doit les soigner lorsqu'ils arrivent à un âge avancé et il doit leur donner tout ce qui est en son pouvoir pour leurs besoins matériels et il doit s'attacher à ce qu'ils ne manquent de rien.

L'Esprit qui est réincarné doit se souvenir que l'ordre de Dieu est un ordre sacré et que manquer à cet ordre c'est se préparer des souffrances terribles dans l'Au-delà, car il faudra revenir expier cela dans une autre vie et souffrir dans ses enfants de tout le mal dont on aura fait souffrir ses parents.

VIII

Du devoir des parents envers leurs enfants

Lorsqu'un Esprit doit se réincarner Dieu lui dit : Tu vas te rendre dans telle famille, là on te fournira tout ce qui te sera nécessaire au point de vue matériel et en retour tu devras aimer tes parents.

L'Esprit une fois réincarné reste dans un état

de sommeil jusqu'au jour où il fait son apparition
sur la terre.

Alors à partir de ce moment les parents à qui
Dieu a fait la grâce d'envoyer un Esprit lui doivent tous les soins et tout ce qui lui est nécessaire
pour sa nourriture et pour tous les petits soins
que réclame son petit corps.

Les parents doivent nourrir leur enfant et lui
donner tous les soins que réclame son intelligence
à peine ouverte jusqu'au jour où ayant atteint
l'âge d'homme ou de femme l'enfant peut voler
de ses propres ailes et subvenir lui-même à sa
nourriture et à son entretien.

Mais les parents ne doivent jamais à moins de
cas spéciaux confier la garde de leur enfant à une
personne étrangère. Ils doivent faire tout ce qui
est en leur pouvoir pour subvenir eux-mêmes à
sa nourriture et à son entretien.

Ils doivent lui donner eux-mêmes la nourriture
à moins de cas spéciaux et c'est pourquoi l'enfant
aussitôt qu'il commence à connaître va toujours
vers la personne qui le nourrit que ce soit sa mère
ou une personne chargée de la remplacer.

Dieu a dit à l'Esprit : Tu aimeras tes parents
plus que toi-même et tes amis comme toi-même.

Mais aux parents Dieu a dit : Tu aimeras tes
enfants, c'est là un devoir auquel nous ne devons
pas manquer, sans manquer aux ordres de Dieu,
et manquer aux ordres de Dieu c'est encourir des
douleurs très grandes qu'il faudra expier dans une

autre vie et une vie plus dure que celle que l'on vit actuellement.

Les parents doivent donc aimer leurs enfants et c'est une tâche bien douce que d'aimer ses enfants.

Les parents ne doivent jamais dire : il faut que e travaille pour mes enfants.

Dieu ayant permis à un Esprit de se réincarner sur la terre lui a dit : Tu travailleras et tu t'élèveras spirituellement.

Donc si les parents empêchent à leurs enfants de travailler ils vont donc contre la volonté de Dieu, et c'est une responsabilité très grande, d'abord l'Esprit qui était venu sur la terre pour lutter ne luttant pas, sa vie est nulle et il faudra qu'il la recommence et quelquefois dans des conditions plus dures que celles qu'il avait acceptées et ensuite les parents qui ont empêché à l'Esprit de lutter devront se réincarner pour expier la faute faite en empêchant à leur enfant de vivre la vie pour laquelle il avait été envoyé sur la terre, et cela dans des conditions acceptées par lui au moment de sa réincarnation.

Les parents ne doivent donc pas travailler pour laisser de l'argent à leurs enfants.

Les parents doivent travailler pour eux, amasser une certaine aisance pour que lorsque devenus vieux et ne pouvant plus travailler ils puissent jouir du repos qu'ils ont mérité.

Les parents ne doivent donc pas se priver pour

donner à leurs enfants un luxe qu'ils n'ont pas gagné.

Les parents ne doivent pas dire : Je veux laisser de l'argent à mes enfants afin qu'après moi ils trouvent la fortune et qu'ils n'aient pas besoin de travailler.

Cela est contraire à la volonté de Dieu.

Les parents doivent donner à leurs enfants l'instruction afin qu'ils puissent subvenir euxmêmes à leur nourriture, et cela par le travail.

Les parents ne doivent jamais mener dans le monde une jeune fille car c'est lui donner des idées de luxe auquel elle n'a pas droit et lui donner des idées d'un luxe qu'elle n'a pas gagné, et cela tant qu'elle n'a pas un compagnon pouvant le lui donner par son travail.

Une jeune fille ne doit aller dans le monde que le jour où son compagnon peut lui payer par son travail tout ce dont elle a besoin pour paraître dans le monde.

Les parents doivent donner à leurs enfants les moyens de se faire une situation soit en travaillant manuellement, soit en embrassant une profession libérale ou tout autre profession.

Les parents qui en ont les moyens doivent aider leurs enfants en leur avançant une certaine somme pour les aider à se créer une situation et les enfants doivent donner aux pauvres une somme équivalente à celle avancée par leurs parents.

Les parents qui ont les moyens de faire une

vance à leurs enfants et qui ne le font pas font une double faute, d'abord ils vont contre la volonté de Dieu qui veut que tout le monde travaille, ensuite ils vont contre la volonté de Dieu en conservant une fortune que Dieu leur a confiée pour en faire un usage tout autre que celui qu'ils en font.

Il faudra donc qu'ils expient et cela par réincarnation, premièrement la faute d'avoir empêché leurs enfants de travailler, deuxièmement la faute de n'avoir pas employé leur fortune suivant la volonté de Dieu.

Les parents doivent donc donner à leurs enfants le confort qu'ils ont l'habitude d'avoir à la maison et ensuite le moyen de se procurer eux-mêmes par le travail tout le superflu qui leur est nécessaire.

Les parents doivent donner à leurs enfants le moyen de se procurer tout ce dont ils ont besoin et cela par le travail.

Les parents ne doivent donc jamais dire : Après moi mes enfants seront riches, ils n'auront pas besoin de travailler.

IX

Du Devoir des Esprits au point de vue familial

Lorsque Dieu a créé les Esprits il leur a dit : Vous aurez sur la terre une famille que vous hono-

rerez. Vous aurez des parents que vous aimerez.
Vous aurez des proches collatéraux qui, issus du
même sang que vous, doivent vous être chers.

La famille comprend outre le père et la mère,
les frères, les sœurs, les oncles, les tantes, les ne-
veux, les nièces et les cousins germains.

Les frères, les sœurs ont à leur tour des enfants.
Ces enfants en auront eux-mêmes et tous ces
Esprits qui sont sortis de la même mère doivent
vous être chers.

La famille est au monde ce qu'il y a de plus
beau, de plus digne.

La famille telle que Dieu l'a voulue doit être
faite pour que les liens qui doivent exister entre
les Esprits qui sont issus d'une même mère soient
indestructibles et que rien ne puisse les rompre
et que rien ne puisse les diviser.

Bien souvent dans les familles on n'a pas les
mêmes idées ou bien les mêmes manières de voir,
mais malgré cela il faut que les liens qui unissent
les membres d'une famille soient indissolubles.

Les familles les plus nombreuses sont des familles bénies de Dieu car c'est une grande grâce que
Dieu vous fait lorsqu'il permet à un Esprit de se
réincarner dans votre famille.

Les familles doivent donc remercier Dieu lorsqu'un Esprit nouveau vient se réincarner et augmenter le nombre des membres de cette famille.

Les réunions de famille sont une chose très belle
que Dieu approuve et recommande parce que dans

ces réunions où les fluides sont généralement de même espèce, les mauvais fluides sont repoussés et il en résulte pour tous les membres présents un bien-être général et une satisfaction matérielle.

Réunissez-vous donc le plus possible et comme cela vous resserrerez les liens qui doivent unir tous les membres d'une même famille.

X

De la Religion et du Spiritisme

La Religion catholique dit : Dieu est juste. Dieu est infiniment bon.

Eh bien prenons un exemple :

Dieu crée deux Esprits à qui il donne autant de bien que de mal. Il place le premier dans une famille riche dans laquelle l'Esprit trouvera tout ce qui est nécessaire pour son élévation spirituelle. Il a la fortune et donne aux pauvres le superflu, c'est déjà bien.

L'autre Esprit est placé dans une famille misérable dont les parents sont dans la débauche et dont les moyens d'existence sont tout à fait minimes. Cet Esprit aura à lutter contre les mauvais exemples, contre la tentation, contre les vices de ses parents. Il aura à lutter pour se procurer le pain nécessaire à son existence matérielle et à celle de sa famille.

Le premier de ces Esprits qui a tout à sa disposition commet une faute que la religion appelle un péché mortel, mais à son lit de mort il a toutes les consolations que peut lui procurer sa famille. Il a un prêtre, il a des prières qu'on lui achète. Somme toute il se désincarne absout par le prêtre, par conséquent, absout devant Dieu d'après la religion. Il doit donc aller au paradis.

Le second à son lit de mort n'a personne, il meurt dans une mansarde, seul, sans aucun secours pour son corps matériel. Lui aussi a commis une faute, un péché mortel et il se désincarne sans absolution.

Il va en enfer.

Eh bien ! Dieu serait-il juste d'avoir créé ces deux Esprits et de les avoir placés dans des conditions si différentes l'une de l'autre ?

Le premier n'a pas eu à lutter mais à se laisser vivre pour mourir avec l'absolution.

Le second qui a eu à lutter tout le cours de sa vie contre la misère, contre la faim, ne gagnant que juste de quoi manger du pain, est en lutte contre le vol, contre le vice et malgré cela suivant son droit chemin ; mais dans un moment d'oubli il commet une faute grave, un vol par exemple et meurt avant d'avoir pu restituer.

Eh bien ! Dieu serait-il juste s'il jugeait ces deux Esprits de la même manière ?

Dans la doctrine spirite on vous dit :

Les Esprits créés en même temps et ayant reçu

chacun autant de bien que de mal sont sur terre pour lutter et en luttant travailler à leur élévation spirituelle.

Le premier de ces Esprits qui était dans une famille où il avait tout à discrétion n'a pas eu à lutter, sa vie est donc nulle et il faudra qu'il la recommence dans des conditions plus mauvaises.

Le second qui a lutté toute sa vie a donc travaillé à son élévation spirituelle.

Ils ont tous deux commis une faute, eh bien ! cette faute ils devront l'expier par une réincarnation mais qui ne sera pas la même pour les deux Esprits.

Eh bien ! des deux manières de juger ces deux Esprits, la seconde est la vraie.

XI

De la Désincarnation

Lorsqu'un Esprit se désincarne, il ne se dématérialise pas tout de suite, cela peut durer plus ou moins longtemps suivant l'élévation spirituelle de l'Esprit.

Lorsqu'un Esprit se désincarne, il faut demander à Dieu qu'il donne à cet Esprit la dématérialisation et qu'il lui donne l'élévation spirituelle.

Lorsqu'un Esprit se désincarne, l'Esprit pour

se séparer de l'enveloppe matérielle qui l'enveloppe souffre quelquefois beaucoup.

Ces douleurs sont variables avec l'élévation
spirituelle de l'Esprit.

Mais il y a toujours souffrance, car lorsque
Dieu a créé les Esprits et qu'il les a envoyés sur
la terre il leur a donné l'esprit de conservation.

C'est un fluide très fort, le plus fort même qu'un
Esprit matériel puisse avoir, qui fait que l'Esprit
lutte toujours envers et contre tout pour sa conservation, et cela même contre ses parents et ses
amis.

L'Esprit qui se désincarne a donc à soutenir
une lutte assez forte pour arriver à ce que le fluide
spirituel soit plus fort que le fluide matériel, et
c'est ce qui produit ces affres au moment de la
désincarnation.

Lorsqu'un Esprit se désincarne, il ne quitte pas
son corps matériel immédiatement : quelquefois il
y reste rattaché plusieurs jours, plusieurs semai-
nes, plusieurs mois, plusieurs années, car vous
savez que lorsqu'il y a suicide l'Esprit reste attaché à son corps jusqu'à ce que ce corps soit disparu et cela est quelquefois très long.

Lorsqu'un Esprit se désincarne, il a une lutte à
subir et ensuite il se retrouve plus ou moins vite
selon qu'il est plus ou moins élevé, l'Esprit voit
ce qu'il a fait de bien, ce qu'il a fait de mal, il
revoit ses vies antérieures et pèse alors si le bien
l'emporte sur le mal et de lui-même lorsqu'il a

fait son examen de conscience il se dit : J'ai avancé, ou bien je suis resté stationnaire, donc je dois aller dans telle ou telle zone.

Si l'examen de conscience est trop dur et que l'Esprit soit embarrassé, il appelle ses protecteurs naturels, leur demande aide et protection et ensemble repassent les vies antérieures et jugent que l'Esprit doit se rendre dans telle ou telle zone.

Mais l'Esprit ne comparaît devant aucun tribunal, il est seul juge de ce qu'il a fait et seul il décide ce qu'il doit faire dans l'Au-delà.

L'Esprit une fois désincarné revoit toutes ses vies antérieures, il voit le bien et le mal qu'il a fait et prend des résolutions pour ses vies futures.

Quelquefois l'Esprit demande sa réincarnation immédiate mais Dieu seul est le juge pour savoir s'il doit accorder ou refuser l'autorisation.

Quelle que soit la sentence prononcée par Dieu, l'Esprit se rend donc dans la zone qui lui est désignée et là attend que Dieu lui dise : Tu vas te réincarner.

Ce temps peut varier de beaucoup suivant les Esprits et suivant leur élévation spirituelle.

Lorsque Dieu dit à un Esprit : Tu vas te réincarner, c'est une grande souffrance pour l'Esprit, souffrance qui varie suivant que l'Esprit est plus ou moins élevé.

Lorsque Dieu dit à un Esprit : Tu as été un Esprit matériel, eh bien tu resteras attaché à cette matière jusqu'à ce que cette matière ait complèment disparu. Eh bien, c'est une souffrance très grande pour l'Esprit, car chaque fois que cette matière est en contact avec les gens, chaque fois l'Esprit ressent une souffrance.

Lorsque Dieu dit à un Esprit : Tu as été avare sur la terre, eh bien tu souffriras jusqu'à ce que la dernière pièce soit dépensée. C'est donc une souffrance chaque fois que les héritiers de cet Esprit dépensent une pièce d'argent.

Lorsque Dieu dit à un Esprit : Tu as été un orgueilleux sur la terre et pour t'élever il faut que tu souffres de cet orgueil, c'est-à-dire que tu dois souffrir chaque fois que ton corps matériel sera en contact avec l'Esprit spirituel. Pour cela il faut que tu restes attaché à la matière jusqu'au jour où la décomposition sera complète.

Lorsque Dieu dit à un Esprit : Tu as été un homme sensuel, matériel, aimant les choses basses, eh bien tu resteras attaché à la matière jusqu'au jour où cette matière aura complètement disparu.

Lorsque Dieu dit à un Esprit : Tu as été un Esprit mauvais, méchant, tu n'as rien fait pour ton élévation spirituelle, eh bien tu vas te rendre dans la zone errante et là tu attendras mes ordres.

Lorsque Dieu dit à un Esprit : Tu as été un Esprit bon, tu as suivi un droit chemin et tu as travaillé beaucoup spirituellement et scientifiquement, donc tu t'es élevé, eh bien va dans la zone de lumière et là tu attendras mes ordres.

Lorsque Dieu dit à un Esprit : Tu es parti de la zone éthérée, tu as accompli la mission dont je t'avais chargé, tu t'es élevé, c'est bien ; retourne dans la zone éthérée et là tu attendras mes ordres.

Lorsque Dieu dit à un Esprit : Tu vas te rendre sur la terre, je vais te charger d'une mission. Eh bien c'est une joie pour l'Esprit car il sait qu'il va s'élever, car il est libre d'accepter ou de refuser la mission que Dieu lui propose, cela c'est son libre arbitre.

Mais il est excessivement rare qu'un Esprit refuse une mission proposée par Dieu.

Lorsque Dieu dit à un Esprit : Tu vas te rendre sur la terre et tu y rempliras une vie nouvelle, tu apprendras aux gens ce que je te chargerai de faire apprendre et tu seras en lutte avec toutes sortes de misères et en même temps tu travailleras à ton élévation spirituelle, et lorsque tu reviendras tu seras reçu avec joie et tu prendras place dans une zone plus élevée.

XII

Du rapport des Esprits entre eux

Les Esprits supérieurs sont en contact permanent avec les Esprits de la zone de lumière qui eux sont en contact permanent avec les Esprits de la zone intermédiaire ou de la zone errante.

Les Esprits de la zone errante sont seuls, livrés à eux-mêmes, et lorsqu'ils veulent demander quelque chose à Dieu, ils le font par l'intermédiaire d'un Esprit de la zone de lumière.

Lorqu'un Esprit de la zone errante trouve qu'il a assez expié et qu'il veut demander à Dieu à se réincarner, il demande ses protecteurs naturels qui viennent le conseiller et lui dire ce qu'il doit faire pour s'élever spirituellement. Alors Dieu envoie un Esprit de la zone de lumière pour le guider et le conseiller.

Lorsqu'un Esprit doit se réincarner, Dieu lui donne un protecteur naturel qui est un Esprit de la zone supérieure qui doit le conseiller et veiller sur lui dans sa vie matérielle afin qu'il ne succombe pas dans les luttes qu'il aura à soutenir contre les mauvais Esprits et afin qu'il puisse s'élever spirituellement.

Lorsqu'un Esprit de la zone errante a des parents ou des amis qui prient pour lui, ces prières sont reçues par un Esprit de la zone supérieure qui les porte à Dieu qui délègue un Esprit de la zone de lumière pour aller prévenir l'Esprit de la zone errante que quelqu'un s'intéresse à lui et que l'on prie pour demander son élévation spirituelle. Toutes les prières faites pour cet Esprit sont donc comptées et font élever l'Esprit.

Dans la zone de lumière, les choses se passent à peu près comme sur la terre. Les Esprits désincarnés se réunissent par affinité de fluides et forment des groupes absolument comme les familles sur la terre.

Chaque membre de ce groupe connaît donc tout ce qui intéresse les membres de ce groupe et par conséquent peut répondre à toutes les questions aussi bien que n'importe quel membre.

Les groupes ainsi formés sont chargés de veiller sur les êtres qui sont sur la terre et qu'ils ont aimés ou connus, ils doivent en outre faire les commissions des Esprits des zones supérieures auprès des Esprits des zones intermédiaires ou errantes.

Les Esprits de la zone de lumière sont donc bien occupés et c'est pour eux une tâche bien douce que de veiller sur les gens qu'ils ont laissés sur la terre.

Les Esprits de la zone supérieure sont en contact avec Dieu ; ils le voient mais ne peuvent pas l'approcher et les ordres de Dieu leur sont donnés par les Esprits de la zone divine.

Les Esprits de la zone supérieure ayant un travail tout spécial n'ont plus les mêmes raisons pour se matérialiser. Ils sont plus éthérés, donc plus fluidiques et par conséquent plus forts que les Esprits de la zone de lumière.

Les Esprits des zones supérieures étant tous très élevés ne peuvent pas se réincarner sur la terre, mais sur une planète plus élevée où ils apprendront ce qu'ils doivent savoir pour leur élévation scientifique ou spirituelle.

Les Esprits des zones supérieures peuvent se réincarner sur la terre, mais alors pour eux c'est une souffrance à moins que Dieu leur impose une mission qu'ils sont libres d'accepter ou de refuser afin de s'élever spirituellement.

Mais en général lorsque Dieu demande à un Esprit de la zone supérieure à se réincarner sur la terre, c'est que l'Esprit sait qu'il sera soutenu par tous ses amis de la même zone et que la mission qu'on lui demande le fera élever beaucoup et très vite.

XIII

Du Mariage

Lorsque Dieu a créé les Esprits, il leur a dit : Vous vous unirez et vous prospérerez, mais il ne leur a pas dit: Vous passerez devant le maire, ni vous vous ferez bénir par le curé.

Suivant les régions de la terre, les coutumes varient. Ici on se marie devant le prêtre, là on se marie devant le maire, mais quelle que soit la façon ou la manière dont on a opéré, si l'union est faite selon la loi de Dieu elle est aussi bonne et aussi valable.

Lorsque Dieu a dit aux Esprits: Vous choisirez une compagne et vous lui donnerez tout ce qui est nécessaire pour sa vie matérielle, il n'a pas dit : Vous ferez reconnaître cette union par le maire et vous la ferez bénir par le prêtre.

Dieu a créé les Esprits et tour à tour il leur a imposé d'être Esprit mâle ou Esprit femelle afin qu'ils connaissent toutes les conditions imposées aux mâles et aux femelles.

Dieu a dit aux Esprits mâles : A toi je donne la force, la puissance de travail afin que tu puisses nourrir et protéger ta compagne et lui assurer ce qui est nécessaire pour sa vie matérielle.

Dieu a dit aux Esprits femelles : A toi je donne la douceur et la soumission afin que tu puisses avec l'aide de ton compagnon accomplir la tâche que je t'ai confiée.

L'union des deux Esprits donne naissance à un Esprit dont les parents ont le devoir d'assurer l'existence et de lui procurer tout ce qui lui est nécessaire pour sa vie matérielle et cela jusqu'à ce que cet Esprit soit arrivé à l'âge d'homme ou de femme et puisse voler de ses propres ailes.

L'Union de deux Esprits faite selon les lois de Dieu, impose à ces Esprits des devoirs très sévères. Il ne faut pas que l'homme aille chercher ailleurs, et que la femme déserte son foyer, cela sont des choses dont il faudra rendre compte à Dieu et expier par une réincarnation.

Lorsque deux Esprits se sont unis librement et que de cette union naît un Esprit, il faut que les parents fassent le nécessaire pour que cet Esprit ne soit pas en état d'infériorité, c'est-à-dire qu'il faut que les parents se mettent en règle avec les lois sociales qui régissent leur pays.

Il ne faut pas qu'un Esprit qui naît soit dans un état d'infériorité au point de vue social, les parents qui négligeraient de faire le nécessaire seraient responsables devant Dieu.

XIV

Du rapport des Esprits supérieurs avec les Esprits souffrants

Les Esprits de la zone errante sont tous des Esprits ayant commis sur la terre une grosse faute, tel que le suicide, la calomnie ou le vice.

Le suicide est le cas le plus grave qu'un Esprit ait à expier. Lorsque Dieu a dit à l'Esprit : Tu vas te réincarner, je te confie ce corps matériel pour l'existence que tu dois vivre et sous aucun prétexte tu n'abrégeras tes jours.

Dieu a dit à l'Esprit : Tu acceptes les conditions que je t'impose, donc tu ne toucheras à ton corps qu'à ton corps défendant.

Dieu a dit à l'Esprit : Ce corps que je te prête, tu le soigneras, tu éviteras de le contaminer et tu me le rendras tel que je l'ai donné.

Dieu a dit à l'Esprit : Ce corps que je te prête

tu le soigneras dans les maladies matérielles que tu pourras avoir.

Dieu a dit à l'Esprit : Ce corps que je te prête pour une durée déterminée que tu acceptes, tu ne pourras donc, sous aucun prétexte le détruire.

Dieu a dit à l'Esprit : Ce corps m'appartient, je te le prête donc, tu dois me le rendre intact.

L'Esprit qui se suicide désobéit donc aux ordres de Dieu, ordres qu'il a acceptés lors de sa réincarnation, il doit donc expier dans l'Au-delà la faute qu'il a commise.

L'Esprit qui se suicide, au moment de sa désincarnation reste attaché à son corps et cela pour un temps plus ou moins long, selon que les gens qu'il a laissés sur la terre prieront plus ou moins pour lui et demanderont à Dieu un soulagement à ses souffrances et une prochaine réincarnation.

L'Esprit dans la zone errante est tout seul, livré à lui-même il voit ce qu'il a fait et ce qu'il aurait pu faire, c'est donc une souffrance de tout instant et qui ne peut cesser que si quelqu'un intercède pour lui et demande à Dieu d'abréger sa souffrance et de lui donner une réincarnation.

Lorsqu'un Esprit de la zone errante a quelqu'un qui a prié pour lui, Dieu lui envoie un Esprit des zones supérieures pour lui dire : Il y a quelqu'un qui a prié pour toi et qui a demandé à Dieu d'abréger tes souffrances, prépare-toi donc à une nouvelle réincarnation.

Dieu désigne alors un Esprit des zones supérieures comme protecteur naturel de cet Esprit et lui dit : Tu vas te réincarner, je te donne comme protecteur un Esprit très élevé qui veillera sur toi et te guidera dans ta nouvelle vie, tâche qu'elle soit meilleure et que tu puisses t'élever spirituellement afin qu'à ton retour je puisse te recevoir dans une zone supérieure. Cette faveur que je t'accorde tu la dois à un Esprit qui a prié pour toi, et, en revanche, tu devras à ton tour te montrer soumis aux ordres que te donnera ton protecteur naturel.

Lorsque Dieu a dit à un Esprit : Tu vas te réincarner sur la terre pour expier la faute que tu as commise, et tu seras sujet à toutes sortes de choses, mais pour te guider et te soutenir je te donne un protecteur naturel qui, lui, veillera sur toi et te guidera dans ta nouvelle vie, tâche donc qu'elle soit meilleure et que tu puisses t'élever spirituellement. Tu seras donc en butte avec les mauvais Esprits qui feront tout ce qu'ils pourront pour t'empêcher de réussir ; te voilà prévenu, va donc.

Les Esprits qui se réincarnent choisissent donc les différentes familles que Dieu leur propose et où ils iront se réincarner. Ils demandent à leurs protecteurs naturels de vouloir bien demander aux Esprits qui protègent cette famille de vouloir bien veiller sur eux.

Les Esprits qui se réincarnent sont donc tous sous la protection de leurs protecteurs naturels, et en plus sous la protection des Esprits qui protègent la famille dans laquelle ils vont se réincarner.

XV

Du Rapport des Esprits supérieurs avec les Esprits de la zone en lumière

Les Esprits de la zone éthérée sont des Esprits supérieurs comme élévation scientifique et spirituelle.

Ils sont tous dans un état d'élévation très élevé et ils peuvent communiquer directement avec les gens de la terre.

Les Esprits supérieurs sont des Esprits dont Dieu se sert pour faire apprendre à la terre telle ou telle chose, afin que la partie de la terre où cette chose a été dite s'élève soit scientifiquement, soit spirituellement.

Les Esprits de la zone éthérée sont en communication permanente avec les Esprits de la zone de lumière et ce sont eux qui indiquent à ces Esprits ce qu'ils doivent faire.

Les Esprits de la zone de lumière sont donc les commissionnaires des Esprits de la zone éthérée. Lorsque Dieu a décidé qu'une partie de la terre doit s'élever, il choisit parmi les Esprits de la zone éthérée un ou plusieurs Esprits et leur dit : Vous allez vous rendre dans cette partie de la terre que je vous indiquerai, et là vous ferez connaître aux gens telle chose qui modifiera leur manière de vivre et qui les fera élever scientifiquement.

L'Esprit que Dieu a choisi se réincarne donc sur la terre, c'est pour lui une souffrance puisqu'il est plus élevé, et là il travaille aidé par ses protecteurs et ses amis de la même zone à la mission que Dieu lui a confiée.

L'Esprit doit suivre à la lettre les instructions que Dieu lui a données et ne pas vouloir aller plus vite.

Si l'Esprit n'obéit pas et qu'il veuille aller plus vite que les ordres que Dieu lui a donnés il est généralement puni sur la terre et le travail qu'il a commencé se trouve interrompu et c'est un autre Esprit qui sera chargé de venir terminer ce travail.

XVI

Des Rapports existant entre les Désincarnés et les Esprits terrestres

Lorsqu'un Esprit se désincarne, il conserve les sentiments d'amitié qu'il avait pour ceux de sa famille qui lui étaient chers.

Les liens de la famille ne sont pas rompus. L'Esprit aime dans l'Au-delà les parents, les amis qu'il aimait sur la terre ; il s'intéresse à eux, il vit au milieu d'eux absolument comme s'il était encore vivant.

Lorsqu'un Esprit se désincarne et qu'il arrive dans l'Au-delà, il demande à Dieu la permission de veiller sur les membres de sa famille et sur ses amis.

Lorsque Dieu a permis à cet Esprit de s'occuper des gens qu'il a aimés il faut qu'en revanche les parents et les amis du désincarné s'intéressent à lui, demandent par la prière que Dieu veuille bien lui donner la lumière.

Si les parents et amis du désincarné, par suite de circonstances mondaines ou par toute autre chose, arrivent à oublier l'Esprit qui est parti, l'Esprit de son côté n'étant plus en relations fluidiques avec les gens de la terre les oublie lui aussi.

La prière est le lien qui réunit les Esprits désincarnés aux Esprits terrestres, par la prière les Esprits terrestres peuvent tout car l'Esprit une fois dans l'Au-delà ne peut plus rien pour lui-même ; il faut pour qu'il s'élève, si ses parents et amis l'ont oublié, qu'il demande à Dieu de vouloir bien lui donner une tâche à remplir, laquelle tâche servira à son élévation spirituelle.

Lorsqu'on est initié à la doctrine spirite, on doit prier pour tous ses parents, tous ses amis, et pour tous les désincarnés qui n'ont personne qui s'intéresse à eux.

Tous les Esprits qui s'élèvent par des prières sont de ce fait des protecteurs, et plus on a de protecteurs, plus facile est la lutte que l'on a à soutenir dans la vie matérielle et plus facile sera le retour dans l'Au-delà lorsque tous ceux pour qui on a prié seront là pour vous recevoir.

XVII

Des différentes religions au point de vue spirituel

Lorsque Dieu a créé les Esprits, il leur a donné autant de bien que de mal et il leur a dit : Vous travaillerez pour que le bien arrive à dépasser le mal.

L'Esprit qui se désincarne arrive dans l'Au-delà, et là il revoit tout ce qu'il a fait de bien et tout ce qu'il a fait de mal. C'est un cinématographe qui défile devant lui et il ne peut rien changer à ce qui existe, ni rien cacher.

Tous les Esprits qui sont autour de lui voient comme lui ce qu'il a fait de bien, ce qu'il a fait de mal et le jugement rendu par Dieu est donc connu de tous les Esprits.

Les protecteurs naturels qui ont mission de veiller sur l'Esprit réincarné ne peuvent rien sur la volonté de l'Esprit : c'est le libre arbitre de cha-

cun qui est en cause et chacun est responsable de
sa vie.

Selon que le bien est plus fort que le mal, l'Esprit désincarné sera plus ou moins bien dans la
lumière. Mais si le mal est plus fort que le bien,
l'Esprit restera dans la zone errante et aura toujours devant lui les fautes qu'il a commises, et le
bien qu'il aurait pu faire et qu'il n'a pas fait. C'est
une souffrance constante qui ne peut cesser que
par une réincarnation.

Le bien ne peut pas détruire le mal, mais lorsque le bien est plus fort que le mal l'Esprit se
rend dans la zone de lumière, et lorsque Dieu a
jugé que le repos spirituel avait assez duré il dit
à l'Esprit : Tu vas te réincarner pour expier les
fautes que tu as commises et tu feras en sorte que
ta vie soit bonne afin de revenir plus élevé.

Dieu ne peut donc pas effacer le mal par le
bien. Non le mal ne peut s'expier que par une
réincarnation et lorsqu'on dit qu'une personne à
qui vous aurez fait l'aveu d'une faute peut vous
la pardonner, cela est faux puisque Dieu, maître
absolu de toutes choses, ne pardonne les fautes,
que par une réincarnation. Un homme ne peut
pas les effacer par sa simple volonté.

Pour qu'une vie soit bonne au point de vue
spirituel, il faut d'abord prier Dieu et ensuite vivre selon les lois qu'il a données.

Lorsque l'on prie Dieu, Être suprême, reconnu
par toutes les religions, que l'on appelle Dieu,

Bouddha ou autrement, cela n'a aucune importance pourvu que l'on s'adresse au Créateur de toutes choses. Mais que l'on soit catholique, protestant ou Mahométan, pourvu que l'on prie et que l'on aime son prochain autant que soi-même, que l'on soit bon, la vie peut être bonne au point de vue spirituel.

Mais, lorsque l'on est initié de la doctrine spirite, on est tenu du fait de cette instruction à une conduite tout autre. Du moment que l'on connaît toutes les lois de Dieu on est tenu de les suivre exactement, et les fautes commises seront comptées plus fortes aux personnes initiées qu'à celles qui ne le sont pas.

Il faut donc, lorsqu'on est initié, demander à tous nos protecteurs de nous aider à suivre le droit chemin, prier pour tous les désincarnés et prier pour tous les parents et amis qui sont désincarnés afin que Dieu leur donne l'élévation spirituelle et la lumière, et qu'il leur accorde une prompte réincarnation si les Esprits désincarnés ont des fautes à expier.

Il faut demander à Dieu que les Esprits qui se désincarnent soient dégagés de la matière, afin qu'ils puissent prendre leur place dans l'Au-delà, et qu'ils puissent se rendre dans l'endroit que Dieu leur assignera pour expier ou pour jouir du bonheur accordé à ceux qui auront vécu dans la sagesse et qui auront travaillé à leur élévation spirituelle et à celle de tous ceux qui sont autour d'eux.

XVIII

Du Rapport des Esprits de la zone de lumière avec les Esprits de la zone errante.

Lorsqu'un Esprit se désincarne, il arrive dans le royaume de l'Au-delà et là, rentrant en lui-même, il repasse ses vies antérieures, il voit ce qu'il a fait de bien et ce qu'il a fait de mal, il met dans la balance les bonnes choses et les mauvaises et se dit : J'ai fait mal ou j'ai fait bien.

Selon que les bonnes actions sont supérieures aux mauvaises, Dieu lui dit : Tu vas te rendre dans la zone de lumière ou dans la zone intermédiaire et là tu attendras mes ordres.

Si les mauvaises actions sont supérieures aux bonnes, Dieu lui dit : Tu vas te rendre dans la zone errante, et là tu expieras les fautes que tu as commises, et pour que tu puisses t'élever il te faudra une nouvelle réincarnation que je te fixerai moi-même.

L'Esprit se rend donc suivant l'ordre de Dieu dans la zone errante, et là il est livré à lui-même, c'est-à-dire qu'il n'est en contact avec aucun Esprit, qu'il a toujours devant les yeux les fautes qu'il a commises et le bien qu'il aurait pu faire.

L'Esprit livré à lui-même n'a pas un moment

de repos; c'est donc une souffrance constante qui
ne cessera que le jour où Dieu jugeant que l'Esprit a assez souffert lui dira : Tu vas te réincarner
dans telle famille, là tu auras à soutenir telle
lutte, et si tu sors victorieux, eh bien tu reviendras
devant Moi avec une joie très grande d'avoir travaillé à ton élévation spirituelle et je te permet-
trai alors de monter dans la zone de lumière.

L'Esprit à qui Dieu a dit : Tu vas te réincarner
pour expier telle faute que tu as commise dans
ta vie antérieure, se recueille et demande aux Esprits supérieurs aide et protection.

Dieu lui donne alors un Esprit élevé comme
guide, et cet Esprit sera chargé de le soutenir dans
les luttes qu'il aura à surmonter pour travailler
à son élévation spirituelle.

Cet Esprit de la zone élevée a donc un devoir à
remplir pour que l'Esprit sur lequel il est chargé
de veiller ne succombe pas. Il faut donc qu'à chaque moment il lui souffle ce qu'il doit ou ne doit
pas faire, afin de ne pas succomber dans la lutte
qu'il a à soutenir et lui aider à surmonter toutes
les embûches qui seront tendues sous ses pas par
les mauvais Esprits.

Les Esprits mauvais qui sont désincarnés sont
tous dans la zone errante, et là, comme ils n'ont
pas de contact avec les Esprits supérieurs, ils sont
donc mélangés à un nombre infini d'Esprits mauvais et comme ils ne peuvent rien prendre de bon
ils restent donc forcément mauvais.

Les Esprits de la zone errante ne sont pas en contact avec Dieu, ils ne l'aperçoivent pas et toutes les communications leur sont faites par des Esprits de la zone de lumière que Dieu charge d'aller prévenir que le moment de leur réincarnation est arrivé.

Les Esprits de la zone errante qui ont connaissance de leurs fautes demandent à Dieu par l'intermédiaire de l'Esprit de la zone de lumière la force nécessaire pour surmonter les luttes qu'ils auront à subir et c'est à ce moment-là que Dieu leur envoie un Esprit de la zone élevée afin que cet Esprit les éclaire sur ce que sera leur vie future, sur ce qu'ils auront à lutter, et sur ce qu'ils auront à surmonter pour travailler à leur élévation spirituelle.

L'Esprit de la zone errante accepte donc l'ordre que Dieu lui envoie et demande alors sa réincarnation.

L'Esprit est libre à ce moment-là d'accepter ou de refuser sa réincarnation.

S'il accepte, Dieu lui indique la famille dans laquelle il doit se réincarner et lui dit : Tiens-toi prêt pour qu'au premier signal tu ailles te réincarner.

S'il refuse, soit que la lutte lui paraisse trop rude, soit qu'il ne se sente pas la force nécessaire pour résister, Dieu lui dit : Reste dans la zone errante et quand tu auras assez souffert, eh bien, tu me redemanderas, et alors je verrai quelles seront les conditions que je t'imposerai pour te réincarner.

Les Esprits de la zone errante, malgré toutes leurs souffrances et le temps plus ou moins long de leur séjour dans cette zone, n'en peuvent sortir que par une réincarnation.

XIX

Du rapport des Esprits supérieurs avec les Esprits des zones divines

Les Esprits des zones supérieures, qu'ils soient de la zone de lumière ou de la zone éthérée, jouissent de la vue de Dieu.

Les Esprits des zones supérieures sont tous dans un état fluidique très pur qui leur permet de se transporter très facilement d'un lieu à un autre, de traverser tous les corps, même les plus durs, et de se montrer aux gens sous une forme quelconque et de pouvoir causer avec les gens et leur dire ce qu'ils doivent savoir pour leur élévation spirituelle.

Les Esprits des zones supérieures peuvent s'ils le désirent emprunter le corps d'un médium afin de pouvoir causer avec les gens et leur dire ce qu'ils doivent savoir pour leur élévation spirituelle.

Les Esprits des zones supérieures peuvent s'ils

le désirent se manifester, c'est-à-dire qu'ils peuvent se rendre visibles et que les gens qui seront venus les consulter pourront les voir et leur parler comme s'ils étaient encore matériels.

Les Esprits des zones supérieures peuvent s'ils le désirent se communiquer et causer aux gens, leur donner tous les conseils qu'ils jugeront utiles à leur élévation spirite.

Les Esprits des zones supérieures qui sont chargés par Dieu d'une mission sur la terre doivent s'estimer très heureux, car c'est pour eux une grande faveur qui les élèvera spirituellement ou scientifiquement, suivant que leur mission aura été scientifique ou spirituelle.

Les Esprits des zones supérieures qui doivent se réincarner sont toujours accompagnés de tous leurs amis qui les soutiennent et les guident dans la lutte qu'ils ont à supporter contre les mauvais Esprits et contre les embûches que l'on sèmera sous leurs pas, et faire en sorte qu'ils ne succombent pas, mais qu'au contraire ils s'élèvent spirituellement.

Les Esprits des zones supérieures peuvent se réincarner sur d'autres planètes que la terre, suivant que ces Esprits doivent s'élever scientifiquement ou spirituellement.

Les Esprits des zones supérieures qui doivent s'élever scientifiquement doivent se réincarner sur une planète supérieure à la terre, où la science est plus avancée et où le fluide vital que nous appe-

lons électricité existe à l'état naturel, et où chaque Esprit l'emploie pour son élévation scientifique et s'en sert comme d'une chose toute simple
tandis que nous n'en connaissons qu'une partie
infiniment petite.

Les Esprits des zones supérieures doivent donc
s'instruire sur tout et doivent arriver à tout savoir et tout connaître.

Les Esprits de la zone éthérée sont en communication constante avec les Esprits de la zone de
lumière et des zones intermédiaires et errantes.

Les Esprits de la zone éthérée sont en communication directe avec Dieu qui leur donne ses ordres par l'intermédiaire des Esprits des zones
divines.

Les Esprits de la zone éthérée sont tous des
Esprits très purs dont Dieu se sert pour faire connaître aux gens ce qu'ils doivent savoir pour leur
élévation scientifique ou spirituelle.

Les Esprits de la zone éthérée ayant appris sur
la terre tout ce qu'ils pouvaient y apprendre, doivent donc se réincarner sur des planètes plus élevées afin de compléter leur éducation scientifique
ou spirituelle.

Les Esprits de la zone éthérée dont les connaissances scientifiques sont très élevées peuvent être
envoyés par Dieu en mission sur la terre, afin de
faire connaître aux gens telle ou telle chose que
Dieu a jugé utile à leur élévation.

Les Esprits de la zone éthérée dont les connaissances scientifiques sont très élevées peuvent avoir comme mission de faire connaître à telle partie de la terre une chose nouvelle qui doit changer la manière de vivre et par conséquent élever cette partie de la terre scientifiquement ou spirituellement.

Les Esprits de la zone éthérée sont donc les initiateurs au progrès, aux inventions. Et tout ce qui se découvre sur la terre est soufflé aux gens par un Esprit très élevé et la personne à qui l'on souffle est déjà elle-même un Esprit très élevé.

Les Esprits de la zone éthérée sont donc les propagateurs des idées nouvelles ou des choses nouvelles que Dieu veut faire connaître à telle partie de la terre qu'il a jugée digne de s'élever scientifiquement ou spirituellement.

Les Esprits de la zone éthérée sont donc les propagateurs des inventions et des choses nouvelles qui doivent changer la manière de vivre ou la manière d'être ou de faire de telle partie de la terre.

Lorsque Dieu a décidé que telle partie de la terre doit s'élever scientifiquement, il choisit un Esprit de la zone éthérée et lui dit : Tu vas te rendre sur la terre dans telle partie et là tu enseigneras aux gens la chose que je t'ai désignée et tu feras en sorte que cette chose soit comprise, et pour cela tu emploieras tous les moyens que tu jugeras convenables : les amis seront là pour te soutenir et pour t'aider dans la lutte, et il faut que tu arrives à faire savoir cette chose pendant le peu de temps que tu resteras sur la terre.

Pour cela les amis t'aideront, te souffleront et te donneront tous les fluides nécessaires pour vaincre et aboutir.

Lorsque Dieu dit à un Esprit : Tu vas te rendre sur la terre dans telle partie que je te désignerai, et là tu apprendras aux gens telle chose, et tu leur apprendras que de faire telle ou telle chose est préférable que de faire telle ou telle autre.

Lorsque Dieu dit à un Esprit : Tu vas te rendre sur la terre pour faire connaître aux gens de telle partie de cette terre, telle ou telle chose, et tu leur enseigneras cette chose, tu la leur feras connaître afin qu'ils puissent s'élever scientifiquement.

Lorsque Dieu dit à un Esprit : Tu vas te rendre sur la terre, et là tu seras en lutte avec toutes sortes de misères et tu auras à souffrir beaucoup pour arriver au but que je te propose. Je te donne le moyen de t'élever beaucoup si tu réussis, tu auras le concours de tous les amis qui te guideront, qui te soutiendront dans la lutte, et qui te donneront tous leurs fluides. Acceptes-tu ?

L'Esprit à qui Dieu fait une telle proposition accepte toujours car il sait qu'il a avec lui ses protecteurs naturels et tous les amis de la même zone.

XX

Du Rapport des Esprits initiés avec les Groupes ordinaires

Lorsque Dieu veut faire connaître à la terre la doctrine spirite, il délègue un Esprit chargé de former sur la terre un certain nombre de groupes, et ces groupes ont chacun une attribution spéciale, et ces groupes, une fois formés, doivent progresser absolument comme la terre, c'est-à-dire que l'élévation spirituelle de ces groupes doit se produire petit à petit et pour que ces groupes progressent il faut que des Esprits plus élevés viennent les instruire et leur apprennent les lois de Dieu.

Il faut que les Esprits que Dieu a permis d'être initiés à la doctrine spirite viennent dans ces groupes, y apportent les fluides que les amis protecteurs leur donnent et en fassent profiter les Esprits non initiés qui fréquentent ces groupes.

Il faut que les Esprits initiés se mettent en contact avec les Esprits non initiés, de façon que les fluides qu'ils apportent se répartissent sur tous les Esprits présents et leur donnent la force nécessaire pour comprendre ce que les Esprits initiés leur diront, et leur donnent la force nécessaire pour écrire ce que les amis leur souffleront. Les

Esprits initiés doivent donc se mettre au service des groupes moins élevés afin de les instruire et de leur donner tous les renseignements nécessaires à leur élévation spirituelle.

Les Esprits initiés doivent, lorsque les Esprits supérieurs le demandent, se mettre à leur disposition et faire ce que les amis leur demandent.

Les Esprits initiés sont des Esprits chargés par Dieu d'un devoir, et ce devoir, ils doivent le remplir avec plaisir et avec exactitude, car c'est pour eux une élévation spirituelle en même temps qu'ils élèveront tous les Esprits qu'ils initieront à la doctrine spirite.

XXI

Du Rapport des Esprits initiés avec les Esprits terrestres

Lorsque Dieu a permis à un Esprit d'être initié à la doctrine spirite, il lui a fait une grande faveur, et en revanche l'Esprit a contracté envers Dieu une dette qu'il faut qu'il paie un jour ou l'autre.

Lorsque Dieu a décidé qu'un groupe ordinaire doit s'élever, il profite de l'instruction spirituelle qui a été donnée à certains Esprits et leur dit : Eh bien ! maintenant c'est à ton tour de faire voir aux autres ce que l'on t'a appris.

Tu vas enseigner aux gens qui composent ces groupes ordinaires tout ce que les Esprits t'ont appris à toi.

Lorsque Dieu a décidé qu'un groupe ordinaire doit s'élever, il fait prévenir la personne qui dirige ce groupe et lui dit : J'ai décidé que votre groupe doit s'élever spirituellement, et pour cela je vais vous adjoindre un ou plusieurs Esprits plus élevés qui seront chargés d'instruire les gens qui fréquentent votre groupe.

Vous nous aiderez donc de tout votre pouvoir et vous nous faciliterez notre tâche en y contribuant selon les fluides que vous possédez.

XXII

De l'Élévation des Groupes ordinaires

Lorsque Dieu a décidé que les groupes ordinaires ont assez d'adhérents, il leur envoie un ou plusieurs Esprits pour les intruire et il leur envoie ces Esprits initiés afin que les gens qui fréquentent ces groupes apprennent à connaître les lois de Dieu.

L'Esprit qui est choisi par Dieu ayant été initié, c'est-à-dire ayant appris les lois de Dieu, doit à son tour initier les gens qui fréquentent le groupe qu'il est chargé d'élever et il doit leur apprendre tout ce que lui-même a appris.

L'Esprit qui est choisi par Dieu doit donc se rendre dans ce groupe, et là, soit par l'écriture, soit par causerie, enseigner aux gens ce qu'ils ne connaissent pas.

Il doit écrire ce que lui soufflent ses bons amis ou détailler ce qu'ils lui soufflent.

L'Esprit choisi par Dieu doit donc se montrer très soumis aux ordres de ses bons amis et n'écrire ou ne dire que ce que ses bons amis lui soufflent et ne jamais se laisser aller à écrire ou dire des choses que ses bons amis ne lui ont pas soufflées.

Lorsqu'un Esprit est choisi par Dieu, il doit avant chaque séance soit d'écriture, soit de causerie, faire faire la prière telle qu'elle lui a été donnée par les bons amis.

Il doit ensuite demander à Dieu d'envoyer de bons Esprits pour faire écrire les médiums présents, ou pour faire causer le médium qui doit instruire les autres médiums, et que ce ne soit que de bons Esprits qui viennent se communiquer.

Lorsqu'un Esprit est choisi par Dieu, il doit faire tout son possible pour que tout ce qui est écrit ou dit soit compris des gens qui sont présents.

Lorsqu'un Esprit est choisi par Dieu pour accomplir une mission semblable, Dieu lui accorde le concours de tous ses bons amis pour le guider, lui souffler ce qu'il doit faire ou dire afin que les renseignements donnés soient toujours exacts.

L'Esprit n'a donc qu'à avoir confiance, demander à ses bons amis de venir à son aide et de lui souffler tout, ce qu'il doit faire ou dire, et se considérer comme un simple instrument que les bons amis font manœuvrer suivant leurs volontés.

XXIII

Du devoir des Esprits initiés

Les Esprits initiés doivent donc, lorsque l'occasion se présente, éclairer les gens avec lesquels ils sont en relation.

Lorsqu'une personne croit en Dieu elle peut être initiée à la doctrine spirite, mais si au contraire cette personne ne croit pas, le moment n'est pas venu de l'instruire, car Dieu a fixé à chacun le moment où il pourrait s'instruire et de ce fait s'élever spirituellement.

Les personnes initiées doivent se montrer très réservées et ne faire aucun acte pouvant montrer aux gens qu'ils sont spirites. Mais lorsque l'occasion se présente et qu'une discussion religieuse a lieu entre plusieurs personnes, ceux qui sont initiés doivent donner leur avis selon l'instruction spirite qui leur a été donnée et la défendre envers et contre tout.

Les personnes initiées doivent donc se montrer dignes de la confiance que Dieu a eue et se montrer reconnaissantes en faisant tout ce qu'elles peuvent pour instruire les gens qui sont autour d'elles.

Les personnes initiées sont des Esprits à qui Dieu a donné une mission à remplir, et cette mission est pour l'Esprit une élévation spirituelle.

Les personnes initiées doivent, toutes les fois qu'un parent ou un ami se désincarne, se réunir, et lorsque la dépouille mortelle est descendue dans la terre, demander à Dieu que l'Esprit qui s'est désincarné soit dégagé de la matière et puisse prendre la place à laquelle il a droit dans l'Au-delà.

Les personnes initiées ne doivent donc jamais pleurer l'Esprit qui s'est désincarné, mais au contraire demander à Dieu qu'il lui accorde 'a lumière afin que cet esprit puisse veiller sur ceux qu'il a laissés sur la terre.

Les personnes initiées ne doivent donc faire aucune dépense inutile soit pour les funérailles, soit pour la tombe de l'Esprit désincarné.

Néanmoins il faut tenir compte des préjugés, et au lieu de mettre plusieurs prêtres, il vaut mieux n'en mettre qu'un ou deux et donner l'argent des autres aux pauvres. Au cimetière, il ne faut faire aucun luxe, car, la dépouille que l'Esprit a rendue à la terre ne devant rester que peu de temps avant d'être redevenue matière, tout ce que l'on ferait est tout à fait inutile puisqu'il n'y aura plus rien.

Les personnes initiées doivent prier pour les Esprits désincarnés, car ce n'est que par les prières des gens qui sont sur la terre que les Esprits désincarnés peuvent s'élever.

XXIV

Du devoir des Esprits initiés envers les Esprits désincarnés

Les Esprits désincarnés arrivés dans l'Au-delà se sont rendus suivant l'ordre de Dieu dans la zone errante, la zone intermédiaire ou la zone de lumière.

Si l'Esprit désincarné a commis des fautes, il est dans la zone errante ; les personnes initiées doivent donc demander à Dieu une prompte réincarnation pour cet Esprit afin qu'il puisse expier ses fautes et s'élever spirituellement.

Si l'Esprit désincarné n'a que de petites fautes à expier, il est dans la zone intermédiaire pour un temps plus ou moins long et c'est précisément ce temps que les prières des personnes initiées peut réduire et elles peuvent amener l'Esprit à la zone de lumière sans avoir besoin d'une réincarnation.

Si l'Esprit désincarné a eu une vie bonne au point de vue spirituel, il est dans la zone de lu-

mière ; là il peut veiller sur ceux qu'il a aimés
sur la terre, et en revanche ces personnes doivent
prier pour lui, afin de demander à Dieu plus de
lumière et plus d'élévation spirituelle.

XXV

Du devoir des Esprits initiés envers les Esprits supérieurs

Les Esprits initiés ont des devoirs à remplir envers les Esprits supérieurs qui les ont instruits
dans la doctrine spirite.

Les Esprits initiés doivent demander à Dieu qu'il
leur accorde une plus grande lumière et une plus
grande élévation spirituelle.

Les Esprits supérieurs qui ont été les instruc-
teurs restent toujours comme guides et protecteurs
des Esprits initiés, et c'est pourquoi ces Esprits
doivent toujours prier pour leurs grands amis protecteurs.

XXVI

Derniers renseignements spirites concer-nant les groupes ordinaires et les groupes privés.

Lorsque plusieurs personnes se réunissent pour
faire du spiritisme dans un local, il faut :

1° Ne pas modifier l'intérieur du local, y laisser toujours les mêmes objets, les mêmes meubles ;

2° Eviter pendant les séances tout bruit, éviter d'ouvrir ou de fermer une porte, observer le plus grand silence, car les fluides étant des choses excessivement fragiles, le moindre déplacement d'air peut les briser ;

3° Avant de commencer chaque séance, il faut faire la prière suivante : « Mon Dieu, nous nous « réunissons en pensée et demandons que tout le « mal disparaisse par la force de Dieu ainsi que « celle des bons amis.

« Mon Dieu, donnez plus de lumière et plus « d'élévation spirituelle à tous nos parents et amis « protecteurs.

« Mon Dieu, donnez la lumière à tous les désin- « carnés qui ont besoin de nos prières.

« Mon Dieu donnez la guérison morale et phy- « sique à tous ceux de nos amis qui en ont besoin.

« Mon Dieu, permettez que tout ce que les amis « nous ont promis en votre nom s'accomplisse.

« Mon Dieu, envoyez de bons Esprits à la « France pour contrebalancer l'influence des « mauvais. »

Si la séance doit être une séance d'écriture il faut ajouter :

« Mon Dieu, envoyez-nous de bons Esprits pour « nous faire écrire, et donnez-nous la force néces- « saire pour écrire correctement ce que les bons « amis nous souffleront. »

Si la séance doit être une séance de causerie, il
faut ajouter :

« Mon Dieu, envoyez-nous de bons amis pour
« nous causer et nous dire ce que nous devons
« savoir pour notre élévation spirituelle. »

Lorsque Dieu a permis qu'un groupe se forme
dans une maison, les Esprits prennent possession
de la pièce où se donnent les séances, et c'est pourquoi il ne faut rien y changer ni rien y ajouter.

Lorsqu'un groupe est formé, le chef de maison
devient chef de groupe et c'est à lui que sont donnés tous les renseignements concernant : 1° Les
personnes à y admettre ; 2° Les jours de séances ;
3° L'ordre et la discipline du groupe.

Il est formellement interdit à un chef de groupe
de recevoir une personne étrangère sans l'autorisation des amis.

TABLE DES MATIÈRES

CHAPITRE PREMIER

CHAPITRE II

MAYENNE, IMPRIMERIE CHARLES COLIN

www.ingramcontent.com/pod-product-compliance
Lightning Source LLC
Chambersburg PA
CBHW060612100426

42744CB00008B/1393